武内一忠
Kazutada Takeuchi
×
Yuzuru Kiyomi
浄見譲

ペトログリフが明かす！

宮地嶽神社とラピュタの謎

「東の地」の海人族と世界交流

はじめに

武内一忠

私にとって宮地嶽《みやじだけ》神社（福岡県福津市）は、安曇海人《あずみあま》族の本拠地であるという漠然な思いと、巨石文化のドルメンを持つお宮で海から見て綺麗な神奈備《かんなび》型をしたご神体山を持つ神社であるということで何度も足を運んでいた。

しかも私が2005年3月17日に訪れた時、それは私の誕生日だったのでよく覚えているのだが、枝垂れ桜がいち早く咲き誇っているのに雪が降っているというなんとも不思議な情景であった。その3日後に、あの玄海《げんかい》灘《なだ》地震が起こった。博多の天神のビルの一部が倒壊するなど、福岡有史以来最大の被害となったのだ。

宮地嶽はこのことを知らせてくれていたのか？　そんな思いも芽生えるほど、私にとって大事なお宮であった。

そんな折、私の主宰する巨石文化研究会に参加されている吉川結花さんから次のようなお誘いをいただいたのだ。

「宮地嶽神社の浄見《きよみ》宮司がお話ししてみたいとおっしゃっているのでお会いしますか？」

ありがたいお誘いに二つ返事で懇談の機会を設定していただいた。

そのいきさつを記したのが次の吉川さんからの一文となる。

宮地嶽神社宮司様と武内一忠先生の邂逅

「私は歯科医師として埼玉県でクリニックを開設しておりました。そこへ患者さんとして仏師の櫻井洋さんが通院してくださいました。櫻井さんは東京国立博物館の仏像修理室で50年来お仕事をされています。櫻井さんのお仕事は、本業の仏像彫刻、修理、そして国宝の一級品の修理と多岐にわたります。櫻井さんが治療に来られたときに少しずつ文化財のお話をして下さいました。

私はもともと歴史と文化財が好きだったので興味深くお話を伺っていました。櫻井さんは昭和40年代、現宮司のお爺様が宮司のときから宮地嶽神社の国宝の修理をされてきました。あの頭椎《かぶつち》太刀の複製品を作ったのも櫻井さんです。そして、櫻井さんと私が九州に同時に行く機会があり、宮地嶽神社にご一緒させていただき、かねてより国宝の鞍金具《くらかなぐ》や頭椎太刀のお話を伺っていた宮司のお話を再び拝聴することになりました。

その後私は巨石文化研究所の武内一忠先生の本に巡り合い、武内先生の探査会に参加して、今まで持っていた数々の歴史の疑問の答えを得たのです。そして武内先生の手法、考察は宮地嶽神社の浄見宮司よりお伺いした諸々の疑問点の解決策になり得ると確信いたしました。宮司は武内先生の本を読んでくださり、先生との会合を快諾して下さいました。そうした中で宮司と武内先生の邂逅が成就したのです。正に歴史的瞬間でした」

私は今、海洋民族ラピュタを追っていて、それが世界の文明に通じていることを知った。日本では海洋民族が1万2000年もの間、戦いもなく平和に暮らしていた。また、世界が温暖化により水が枯渇する中、縄文中期唯一水の国だった日本から、ラピュタが世界に真水を配ってきた。まさに海洋国日本にアズミと言われるシュメール天神アンを信奉する一族が渡来したのである。その安曇の祀り場として造られた神奈備の聖地こそが、後に宮地嶽神社として築かれたお宮である考えていた。そうでもないとあれほどに巨大なドルメンを対岸の相島から運んで築くようなことはできなかったと思うのだ。

また、そこを拠点に渡韓の準備のために多くの部族が集結した。そしてそれぞれの神々を祀り、すべての民の思いを一つにするための神功《じんぐう》皇后の大事な祭祀の場でもあった。そのことが今のお宮の集まりでも伺えるのだ。

とにかく大地から湧きあがる民族の息吹を感じるお宮なのである。

＊本書は2024年7月8日に行われた対談内容に加筆したものです。

目次

第2章　神功皇后の謎を解く

第3章　王族たちが日本にやって来た理由

第4章　海洋民族が伝えてきた高度な技術と文化

第5章　古代世界と先人たちの祈りに思いを馳せる

カバーデザイン　森瑞（4Tune Box）
校正　麦秋アートセンター
編集協力　小笠原英晃
宮田速記
写真　武内一忠／中谷航太郎
本文仮名書体　文麗仮名（キャップス）

第1章

古代海人族のルーツを辿る

宮地嶽神社について

御祭神は神功皇后と安曇族の長、勝頼・勝村様の三柱

福岡県福津市宮司元町に鎮座する宮地嶽神社は、1800年程前に創建されたと言われる日本全国にある宮地嶽神社の総本宮である。

『古事記』『日本書紀』によると、神託を受けた神功皇后（第14代仲哀《ちゅうあい》天皇の后で応神天皇の母）が朝鮮半島に出兵する際、宮地嶽山頂で「天命を

撮影◎中谷航太郎

奉じてかの地に渡らん。希《ねが》わくば開運を垂れ給え」と天神地祇《てんしんちぎ》に戦勝祈願をして船出したとある。

新羅の王は、天神地祇の後ろ盾を得た神功皇后軍の勢いに圧倒され、戦わずして降参。さらに神功皇后は、百済、高句麗も帰順させて三韓征伐（新羅に出兵して朝鮮半島を服従下においた）を成就し、その後数々の困難を乗り越えて国の安定と発展に尽くしたとされる。

こうした神功皇后のご功績を讃え、主祭神として奉斎し、随従として安曇族の長である勝頼・勝村公を併せ「宮地嶽三柱大神《みやじだけみはしらおおかみ》」として祀ったのが宮地嶽神社の始まりとされている。

以来、宮地嶽神社の御祭神は「何事にも打ち勝つ開運の神」「商売繁盛の神」として知られるようになり、また人気グループの嵐が出演したCMの舞台となった平成28年以降、年に2回（2月と10月の中旬）見られる「光の道」（沖合いの相島《あいのしま》から神社の参道に添って一直線上に差し込む夕陽の絶景）が話題を呼んだことから若い女性の参拝客も増え、全国各地から年間600万人以上が参拝に訪れている。

神社本殿に掲げられた長さ11m重さ3トンの日本一の「大注連縄《おおしめなわ》」、直径2・2mの巨大な日本一の「大太鼓」、重さ450kgの日本一の「大鈴」という3つの日本一があるのも特長で、さらに、神社最奥にある奥之宮不動神社には日本最大級の巨石遺跡があり、300点あまりもの宝物が発掘されたことから「地下の正倉院」とも呼ばれている。

また、神社の背後にそびえる宮地山（181メートル）の自然を再生させるために、NPO法人SOMAを中心に「宮地嶽鎮守の杜《もり》再生プロジェクト」が令和5年からスタートし、地域の人々の手によって松苗づくりや植樹などの里山保全活動が行われている。

【御祭神・三柱】

○息長《おきなが》足比売《たらしひめ》命《のみこと》＝神功皇后
○勝頼《かつより》大神《のおおかみ》
○勝村《かつむら》大神《のおおかみ》

＊勝頼・勝村公は、海人・アヅミ・安曇族の長である安曇磯良《いそら》の御子神

JAL の CM でも取り上げられた「光の道」。右は日中の風景

神社にある大注連縄・大太鼓・大鈴

御祭神（三柱）

神功皇后が天神地祇を祀ったとされる宮地嶽山頂の古宮

中央に見えるのが宮地嶽（宮地山）

社内にある珍しい造作物

黄金の宝冠を天空に捧げたかのような黄金色の屋根

稲荷神社

【奥の宮八社】

〇一番社・七福神社（七福神）
〇二番社・稲荷神社
〇三番社・不動神社
〇四番社・万地蔵尊
〇五番社・恋の宮（淡島神社と濡髪《ぬれがみ》大明神）
〇六番社・三宝荒神
〇七番社・水神社
〇八番社・薬師神社

日本最大級の横穴式石室古墳と20点の国宝

【日本最大級の横穴式石室古墳】

不動神社の中には、280年以上前に発見された日本一の大きさを誇る横穴式石室古墳があり、全長23mという大規模な石室は高さ幅とも5mを超す巨石を積み重ねられていて、御物から推察すると6世紀頃に造られたと考えられている。

古墳からは、金の鐙《あぶみ》・冠《かんむり》・馬具類・大太刀・瑠璃玉やガラス板等およそ300点もの埋蔵物が発掘され、うち20点が国宝に指定されており、いずれもこの地を統治していた安曇一族筑紫《つくし》の磐井《いわい》王《おう》の繁栄と富を象徴する

不動神社

横穴式の石室

相島から運ばれたと言われる巨石

古墳から発掘された金銅製の冠と金銅製の鐙（足置き用の馬具）

古墳から発掘された長さ3.4メートルにも及ぶ日本一の頭椎大太刀と武内氏

品々であると考えられている。

【アクセス】

〒811−3309　福岡県福津市宮司元町7−1
Tel：0940−52−0016
Fax：0940−52−1020

〈お車・バイクをご利用の場合〉

■高速利用

福岡市方面から九州自動車道古賀IC下車
北九州市方面から九州自動車道若宮IC下車

■一般道

福岡市天神から国道3号線で50分
北九州市小倉から国道3号線で70分

〈電車をご利用の場合〉

■ＪＲ

福間駅下車、駅前よりバス（タクシー）にて約５分

徒歩にて約25分（約２㎞）

■西鉄バス

ＪＲ福間駅から常時運行

当神社参拝用臨時バスでは、神社前にて下車

【公式ホームページ】

https://www.miyajidake.or.jp/

宮地嶽神社・浄見宮司とツクシ舞

ツクシ舞とは、海人族によって伝えられたもので、昭和初期までは秘舞として宮地嶽神社の奥宮・石室古墳の中でひっそり舞われていた。この舞は、神社の長《おさ》が舞い、継承することから「宮司舞」とも呼ばれている。

ツクシ舞の中でも一子相伝《いっしそうでん》の秘舞とされる「浮神」は、安曇族の祖神・阿曇磯良《あずみのいそら》の故事にちなんだ舞で、1200年もの長い歳月にわたって受け継がれている能や舞楽の原型とも言われている。ツクシ舞は、毎年10月に行われる御遷座《ごせんざ》記念祭にて奉納される。

浄見 譲（きよみ ゆずる）
宮地嶽神社宮司・ツクシ（築紫）舞家元

宮地嶽神社に伝わるツクシ舞

巨石文化・ペトログリフ研究家・武内一忠氏の歴史観

武内一忠（たけうち　かずただ）
超古代巨石文化・ペトログリフ研究家

〈巨石文化&ペトログリフの調査研究から〉

天草や阿蘇を中心に広がる巨石文化は、南小国の「押戸石遺跡」から「拝石山巨石群」へと夏至線で繋がっており、このように太陽を追っていく巨石遺跡はイギリスやアイルランドでも同様で「レイラインの法則」と呼ばれている。

同時に、そこにはシュメール文字など

のペトログリフ（岩石に刻まれた文様）や祭祀に用いられたと考えられる盃状穴《はいじょうけつ》も散見されることから、メソポタミアをルーツとする〝スーパー縄文人〟が日本に戻ってきたことを物語っている。何か契機があるたびに幾度となく日本にやって来た海洋民族がいたことを示している。

〈そこから導かれる古代歴史観〉

日本の縄文時代に築かれた巨石文明は、温暖化による天変地異等で壊れてゆく森や水源、天空や大地の神々に願いを込めながら築き上げた先人たちの思いの結晶であり、その古代文明は海洋民族によって世界へと伝搬されていった。

そしてその後、メソポタミアで古拙文字を残し都市文明を築いたシュメール、鉄器を遺した先ケルト、離散の民ヘブライ（イスラエル12支族）などの世界史の民は、海洋民族ラピュタと共に縄文の日本へと段階的に結集した。

中でも、ケルトは同じ石神信仰を持つ日本のアラハバキ（縄文の山の民）に鉄器の製造法を伝え、アラハバキと同化して磐座《いわくら》を祀る熊襲《くまそ》となったと思われる。

＊ラピュタとは、マオリ海人族（ポリネシアの先住民）と湊川人（ムーの末裔／アジア人の祖先）が混血して生まれた海洋民族で、太平洋の島々に住み、人類史上初の遠洋航海を行った。詳しくは『真実の歴史』（ヒカルランド刊）を参照。

＊熊襲とは、古代九州南部を本拠地に構えた人々。

次ページ下の図版、中央に「七枝樹」があり、右側に「牡牛神ハル」、左側に「蛇神キ」が椅子に座り、蛇神の後ろには「蛇」が描かれている。

これが『旧約聖書』に出てくるアダムとイブのリンゴの木のモチーフの

武内氏がペトログリフを発見した押戸石山遺跡（高さ5.5m周囲15.3m）。頂点と挟石は夏至の日の出の方向を向いていた

メソポタミアの世界最古の七枝樹文様

長沙《ちょうさ》馬《ま》王堆《おうたい》三号墓出土
帛画部分（標本）

ユダヤの象徴・メノーラ燭台

山口県彦島の線刻石

元になった「生命の木」であるとされ、ユダヤ・キリスト教のメノーラ（燭台）の元とも見られている。

この七枝樹は、日本のペトログリフ研究の草分けである川崎真治氏によって、山口県の彦島にあるペトログリフにある文様や弥生土器にある文様にも刻まれていたことが確認されている（川崎真治著『日本最古の文字と女神画像』より）。

岩刻文字は九州の各地に数多く残る装飾古墳や横穴の中にも見られ、５０００年前に古拙文字を使う人々がいたことが窺える。

安曇族とその末裔である筑紫の磐井王たちにとっての信仰の地

――はじめに、宮地嶽神社の由緒についてお聞かせください。

浄見宮司　現在日本には8万社程の神社があるのですが、明治の終わり頃には今の倍ほどの神社があったと言われています。

残念ながら廃止や合祀《ごうし》されたのですが、そうした神社には地域ごとの歴史や信仰、また、さまざまな伝統文化や伝承などが残っていることから、神社の歴史を研究することによって、ある程度日本本来の歴史が見えてくるのではないかと思います。

宮地嶽神社は6世紀頃につくられました。神社の奥庭には日本最大級の遺跡があります。この遺跡周辺からはさまざまな埋蔵物が発掘され、その中の瑠璃《るり》（ガラス）器は6世紀頃に造られた物です。

遺跡は3㎥の巨石13個で構築され、その大きさ、佇まい、周辺の風景そして1500年前の歴史等、相当の権力と財力を持たれた方が眠っていらっしゃっていると考えられています。

その末裔が、宮地嶽神社の氏子としてこの地には沢山住んでいます。そして「阿部」という苗名が多いです。阿部さんのルーツは阿曇（安曇）の部、阿曇一族がこの地域にたくさんいらっしゃったことを証しています。

安曇族は海運を司っていた古代海人族の一つであり、北部九州の豪族・筑紫の磐井の末裔で、この磐井は邪馬台国の女王・卑弥呼を先祖にする方です。

彼らは玄界灘から有明海に及ぶ北部九州の首長で、糟屋屯倉《かすやのみやけ》は宮地嶽から南東に5キロメートルほどの場所です（＊屯倉：大和朝廷の支配の一つで、全国に設置した直轄地のこと）。

『日本書記』によると、筑紫の磐井が527年にヤマト朝廷（王権）に対して反乱（磐井の乱）を起こして鎮圧され、磐井の息子である葛子《くずこ》は糟屋屯倉を献上して死罪を免れたと書かれ、その屯倉の中には金銀財宝が収められていたと記されています。

磐井の乱以降、中央政権（朝廷）に財力を奪われた磐井は徐々に勢力を削がれていったのですが、当時から磐井の統治下の人々にとっての信仰の地が、この宮地嶽です。

海人族たちがさまざまな入れ墨をしていた理由

――海人族というのはどのような人たちだったのでしょうか。

宮司　海人族には、宗像《むなかた》族、安曇族、住吉《すみよし》族などの系統があります。

北部九州では北の方から宗像大社さん、それから私ども宮地嶽神社があり、さらに南下すると福岡市に筥崎宮《はこざきぐう》さんがあって、それから太宰府さんがあります。

今から2000年以上前から、北部九州のこの辺りは白砂青松の非常に素晴らしい良港でした。

当時、大陸からこの地域に船でいろんな文化を運んできたのが海人族です。

当社から3カイリ離れた志賀海《しがうみ》神社では、海人族の始祖である「綿津見《わたつみ》三神《さんしん》」をお祀りされています。

海人族には、安曇族や住吉族など「すみ」という字が付いていますが、なぜ「すみ」かというと、当時の海洋民族の間では入れ墨（刺青）が同族の印で、今で言うパスポートのようなものだったのです。

エジプトのツタンカーメンやクレオパトラの目のふちにも入れ墨が彫られ、あれを阿曇目《あずみめ》と言いますが、そういう目の周りに入れ墨をした人たちのグループが安曇族だったようです。

出雲族の人たちは雲の入れ墨を入れていたのでしょうか。

宗像族の人たちは胸に船の形の入れ墨をしていて、ムナカタ（胸に型）という呼び名はそこから由来しているとも言われています。

そんな海人族の一団が、東シナ海を挟んで朝鮮半島と北部九州で大きな文化圏をつくりました。

その中心に信仰の場があり、当宮地嶽奥の宮を建立し、今日まで続く信仰地が宮地嶽神社の成り立ちです。

こうしたことは何も紙に書かれて残っているのではなくて、文化伝承を解明した結果、浮かび上がってきた宮地嶽神社の成り立ちです。

宮地嶽神社のご祭神・勝頼・勝村という神様は、筑紫の磐井の孫にあたり、後の安曇族の長である安曇磯良の祖神様です。

勝頼・勝村公が担ぎ上げたのが神功皇后さまです。

神功皇后さまをお祀りしている神社は、北部九州にはたくさんあって、それだけ神功皇后さまが各地を回られたのだと思います。
しかし、勝頼・勝村さまを一緒に祀っているのは当社しかありません。
北部九州には大小合わせて２００社ほどの宮地嶽神社があって、当社がその総本宮です。

武内　今のお話の中で、勝頼・勝村は筑紫の磐井の孫に当たるということでしたが、継体《けいたい》天皇によって磐井が討ち取られたのが６世紀初め頃となっているので、その孫となると６世紀の終わり頃に生きていたということになりますよね？
でも、神功皇后が活躍されたのは３、４世紀頃、そうなると年代が合わないので、どこかで物語が入れ替わっていることになりますが……。

宮司　『古事記』・『日本書紀』がどこまで年限的に正確なのか不詳です。

いろんな説があり、卑弥呼を日の御子と書き、天照（日）大神（御子）との説もあります。

また神功皇后を天照大神と同一視する説もあります。

ただ、共通しているのは女性神であるということです。

私は紀元年以降、記紀編纂までの間、最強の母性神信仰があったので、いろいろな姿や呼称を変え、女性神を祀り続けていたと考えています。

根源となった、偉人的女性武人がいらして、その方の信仰が前述の偉人伝承と成ったのだと思います。

今も昔も、わが国では同時代の人が偉人を祀るということは少なく、偉人を神さまとして祀るのは　後世の人たちです。

神功皇后や勝頼・勝村公だけではなく、安曇族と言われる人々全てをまとめて宮地嶽に祀り、信仰の対象であったということでしょう。

だからこんなにも大きな日本一の遺跡ができたということです。

第2章

神功皇后の謎を解く

非常に優れた統治者だった神功皇后

——神功皇后は非常に優れた統治者で、三韓征伐を行ったと言われていますが、それについてはどのように思われますか。

宮司　神功皇后が実際に何をなさったかについては諸説あって、はっきりしたことはわかりません。

三韓征伐の話は、後世の人たちが東シナ海を治めるためにつくったのかもしれません。

でも、宮地嶽でお祀りしてきたのは安曇族の長であった勝村・勝頼公であり、勝村・勝頼公が崇敬していたのが神功皇后さまです。

これは間違いのない事実です。

武内　『日本書記』の中で記述が一番多いのが神功皇后です。

出自は第9代開化天皇の孫の息長宿禰王《おきながのすくねのみこと》の娘、息長足姫《おきながたらしひめ》ですが、神功皇后となって夫である仲哀天皇が崩御した後、天皇に即位できたはずなのに、息子の応神が即位するまで70年間摂政の立場にいたとなっています。でも、のちの女性皇太子から即位した第46代孝謙《こうけん》天皇は2度も即位（第48代称徳《しょうとく》天皇）をしているのに、神功皇后は天皇になっていない。それは僕から見ると、息子の応神が人質に取られていたような状況だったからじゃないかと思います。

いずれにしても、神功皇后は日本の歴史の中でも非常に優れた統治者であって、当時から国外に目を向け、内政も関東に至るまで統治下に治めていた。だから関東でも八幡や稲荷、住吉系のたくさんの神社でお祀りされているんですね。

例えば、東国三社の一つである息栖《いきす》神社では、海岸より湧き出る忍潮井《おしおい》と呼ばれる男甕《おがめ》女甕《めがめ》という二つの井戸を祀っている。

東国のための鎮護の神として神功皇后が久那戸神《くなどのかみ》、天の鳥船、そして住吉三柱を御祭神として祀っています。

――先ほど神功皇后が九州北部を回られたという話がありましたが、九州の他の地域にも神功皇后にまつわる伝承が残っているんでしょうか。

武内　今お話しした息栖神社と同じように、神功皇后が渡韓の帰途に福岡県大川の榎津の塘に御船をお着けになった時、舳先より白鳥が丑寅の方向に飛び立ち降り立ったところを先祖のお導きと安曇磯良丸（安曇磯良の別名の船の名前に「丸」をつけるのは、これに由来するという説がある）が風浪宮というお宮を建て、神功皇后と住吉三神、高良玉垂命《こうらたまたれのみこと》を祀りました。

ちなみに、息栖神社も忍潮井の舟着き場から丑寅の方向に鳥居、本殿と並んでいます。

天草には神功皇后が応神天皇を産んだとされる場所があって、それは地元の自治体が書いた公の文書にもちゃんと書かれています。

その場所は、天草の産島《うぶしま》という島です。産島には、神功皇后が三韓征伐のあとでこの地に立ち寄り、のちに応神天皇となる皇子、誉田別尊《ほむたわけのみこと》を産んだという伝承があって、まさにそれがこの島の由来になっているんですね。

産島の御座所に建てられた産島八幡宮には、神功皇后が産湯に使われたという池があり、一年中枯れることがなく、多くの人がその水を求めて参

私が息栖神社の忍潮井の塘で参拝すると白鳥が丑寅の本殿の方向に飛び立った

産島

全国でも珍しい海を渡る産島の例祭

拝に来ているそうです。

ですから、天草の人たちは、神功皇后が応神を産んだ土地としてとても誇りを持っているんです。

神功皇后はなぜこの島でひっそりと応神を産んだのかというと、それは夫である仲哀天皇にはすでに麛坂《かごさか》第１皇子と忍熊《おしくま》第２皇子がいて、その二人が第４皇子となる誉田別尊（応神）の出産を耳にしたからです。

それで、二人は次の皇位がその幼い皇子に決まることを恐れ、共謀して応神を亡き者にようとしていた。

そんな状況だったので神功皇后は表立って誉田別尊（応神）を産むことを避けたわけです。

応神は草の海人たちに守られたので
その地が「天草」と名付けられた

武内　そもそも、新羅征討の神託を受けた神功皇后は、草《くさ》という海人を派遣して新羅までの海路を確かめさせています。

　すると、西方に国があるようだとの報告があったので、すでに臨月を迎えていた皇后は石を腰に挟んで出産を遅らせ、征討から帰還した後に筑紫の地で産まれてほしいと祈願し、身重のまま出兵します。

この時、草の海人たちを引き連れた皇后の軍勢を見た新羅の王は怖れをなして降伏し、日本に朝貢することを誓い、新羅が降伏したことを聞いた高麗と百済の王も勝ち目がないことを悟った。

だから皇后軍は戦うことなく朝鮮半島を統治できたわけです。

三韓征伐の後、麛坂《かごさか》皇子と忍熊《おしくま》皇子らの皇子軍が皇后軍との戦いに挑んだものの、皇后の命を受けた武内宿禰《たけのうちのすくね》の活躍によって皇子軍が敗れます。

結果的に、皇后のお腹にいた誉田別尊（応神）は草の海人たちによって守られたことから、その地に天附《あまつけ》古墳があるように、草の海人の地に天を附するという名が与えられ天草となる。

そして、晴れて誉田別尊は応神天皇として即位できたのです。

その証拠に、福岡の名島海岸には神功皇后が三韓征伐から帰還した時の軍船の帆柱が化石になって残った「帆柱石」があったり、また南九州にも、神功皇后が内乱を鎮めるために甲冑を治められた場所が「甲佐」という地名として残っています。

また、佐賀の武雄は武内宿禰の父親の武《たけ》緒組命《おくみのみこと》の名残りであるので、渡韓の成功を祈念して船を納めた御船山があります。

神功皇后は渡韓の帰朝後緑川流域の甲佐《こうさ》神社に兜を納め、幣立神宮を奉祝し、そのあと阿蘇に入って鉾を納めています。

神功皇后は応神を産むために天草に身をよせられたのでしょう。

名島の帆柱石

実は、つい先日その鉾を納めた場所を見つけたところで、阿蘇の小国町《おぐにまち》にある鉾納社（鉾納宮）に行って来ました。
小さなお宮でしたが、二本の大きな夫婦杉があってとても立派な茅葺屋

鉾納社

本殿上の兎像は神功皇后の象徴

鉾納社の勝村・勝頼

根の神社でした。

御祭神は、神武の皇子である国龍命《くにたつのみこと》の別称である吉見神《よしみがみ》でした。

でも、どこにも神功皇后の名前がないので探していたら、兎の像があったのでここで間違いないです。

卯の年、卯の月、卯の日に生まれたのが神功皇后で、そのため皇后とゆかりのある神社には兎像が多いのと、そして何とそこには、鉾を手にした勝頼・勝村の像が随神として祀られていたんです。

宮司　その神社は八幡神社ではないんですか？
何しろ日本全国で一番多いのが八幡宮（八幡社）で、御祭神は応神天皇（八幡大神）ですから……。

武内　確かにどこに行っても八幡神社ばかりですが、鉾納社は八幡神社ではないんです。

八幡様は応神ですが、神功皇后さまは八幡ではないし、弊立も八幡ではない。鉾納社も八幡じゃなかったです。

私が思うに、神功皇后は渡韓の折に阿蘇の熊襲の加勢を頼んだ。ここに鉾を納めるということはその熊襲の地への加勢に対しての礼を尽くしたのだと感じています。

私もこれまでずいぶんいろんな神社を回りましたが、手に三鉾と弓を持っている勝頼・勝村の像は熊本の鉾納社しかありません。

それと、阿蘇周辺には菅原神社が14社もあるんですが、なぜか地域によってただの菅原神社と地名に冠が付いた菅原神社に分かれていて、さらに近くに何があるか探してみたら西湯浦《にしゆのうら》に宮地嶽神社があったんです。

熊襲を味方につけたおかげで神功皇后は戦わずして三韓征伐を成し遂げた⁉

武内　ということは、その辺りは宮地嶽神社の御祭神である神功皇后が治めていた地域だということです。

そして、ヤマト側にはつかなかった熊襲の地域のお宮が冠のつかない菅原神社で、神功皇后・ヤマト主権の朝鮮出兵に加勢した側には、そのご褒美として朝廷から冠の付いた地名を付けてもらえた、ということでしょう。

今の時代で言うと、政府の補助金をもらえなかった側ともらった側の違いです。

その証拠に、鉾納社ではここで旗と鉾を立てて兵を集めたとあり、朝鮮出兵に加勢した熊襲たちが集まった場所だから神功皇后がお礼参りにやって来たわけです。

片や、地名の冠のついていない菅原神社では、鬼の祭りや盃状穴などの古代の祭祀をしていることからもヤマト主権への加勢を拒んだことがわかります。

宮司　菅原神社の御祭神は？

武内　それは菅原道真公です。

なぜ阿蘇に道真公が祭られているかというと、そもそも道真公の先祖は鉄器をつくっていた穴師《あなし》で、穴師は鉄器集団の長だったんですね。

鉄器をつくる鍛冶師は、いにしえの王と言われ、「戦いに敗れしときは山野に下って鬼となる」というわけで、ヤマト主権に与《くみ》しなかったことで鬼とされた部族には物部氏なども入りますが、そのような鍛冶師たちは高度な技術を持っていたのでヤマト王権下では，物部の家業である古墳づくりに従事していたのです。

やがて、桓武天皇の時代になると古墳がつくられなくなり、その代わりに、桓武天皇は穴師たちを通して天皇家の子女に鬼道《きどう》を教えさせます（＊鬼道：呪術・宗教の一種）。その桓武天皇に仕えた穴師が非常に優秀だったので「菅原」という姓が与えられて菅原朝臣となり、その曾孫が菅原道真です。

宮司　「菅原」という姓を与えたのは、藤原の流れだからですか？

武内　はい、藤原氏の流れだからです。

その時に全国各地の山の穴師たちが「菅原」を名乗ったわけですね。ところが、菅原道真が遣唐使不要論を唱えたことで、時の政権によって大宰府に左遷されてしまいます。その道真公の怨霊を鎮めるためにつくられたのが、大宰府天満宮なのです。

でも、穴師を祖に持つ菅原一族にとっては、唐の文化の影響を受けた、いわば「中華化」された大宰府天満宮が我慢ならなかった。だから、縄文時代から続く熊襲の鉄器製造地であった阿蘇の上色見《かみしきみ》に道真勧請の熊野宮を興したと考えられます。

『日本書記』では、神功皇后が三韓征伐の前に熊襲の残党を征伐したことになっていますが、それは熊襲の力を借りた神功皇后の足跡を消したかったんでしょう。

でも、神功皇后による熊襲討伐なんてとんでもない話で、先ほど言ったように、神功皇后は新羅征討の際、鉄製の武器や傭兵も熊襲に頼ったに違いありません。だから北部九州だけでなく、九州の南部にも神功皇后の伝承がたくさん残っているんですね。

そもそも、熊襲は日本にやって来た古代ケルト族から鉄器製造の技術を受け継いでいて、神功皇后はシュメール系フェニキアの女神イナンナに自分を重ねていたと推測できます。

ようするに、神功皇后は熊襲に親和性があった、だから熊襲を味方につけたおかげで戦わずして三韓征伐を成し遂げることができたわけです。

宮司　大宰府に関して言うと、海人族たちの文化や技術が統合される形で北部九州の首都としてできていたんでしょうね。
つまり、太宰府天満宮が先ではなく、まず都府楼《とふろう》（＊都府楼：筑紫国に設けられた太宰府の政庁の別名）というのが先につくられて、その後に菅原道真さんの物語が生まれ、学問の神様として道真公をお祀りするために太宰府天満宮がつくられたということだと思います。

宮地嶽古墳と同じような世界各地にあるドルメンはどれも海上神殿だった

――古墳の話が出ましたが、宮地嶽古墳にはどのような特徴があるんでしょうか。

宮司　宮地嶽古墳は、修験者によって不動明王が祀られていることから今は不動神社と呼ばれています。

普通、古墳には王の埋葬用と思われる石棺《せっかん》があるんですが、宮地嶽古墳には石棺がありません。ですから、王の墓ではなかったのではないかとも思われますが、この古墳の中か周辺からはガラス製の骨壺が出てきているんです。

そのガラスの骨壺はペルシャのガラスの骨壺と同じ形をしていて、大体5世紀か6世紀頃の物だと見られることから、宮地嶽古墳もその頃につくられたのだろう……と。

しかし、何らかの遺跡であることは違いないけれど、はたして古墳なのかどうかはわからないところがあります。

宮地嶽古墳に使われている巨石に関しては、これまでの調査で、宗像大社がある神湊《こうのみなと》海岸の玄武岩とは違っていて、安曇一族の地である志賀島やその隣の相島の玄武岩と同質であることがわかっているので、宮地嶽の対岸にある相島から運ばれてきたんだと思われます。

相島には254基の安曇一族の古墳があって、積石塚《つみいしづか》としては西日本最大、全国でも第2位の大規模なものです。

宮地嶽の古墳・遺跡は、墳丘は南北27メートル、東西34メートル前後の

宮地嶽の古墳・遺跡

宮地嶽神社宮司 浄見譲氏

平面楕円形をしていて、周囲には東西に丘陵が伸び、南側には谷、さらに南には東西方向の丘陵が横たわる地形になっていて、このような地形は7世紀の大王級の古墳の立地とも共通しています。

古墳（遺跡）の内部は巨大な石がいくつも積み上げられていて、全長は24メートルほどあり、全国では2番目に大きな石室ですが、壁面には重さ数トンから数十トンに及ぶ巨大な一枚岩が立てられていて、天井にも同じように巨大な一枚岩が乗せられています。

こんな大きな巨石をどのように運んできたのかというと、当時の海岸線は今のお社のすぐ下までありました。ですから、相島から石を船で運んできて海岸で荷揚げして、おそらくエジプトのピラミッドを作る方法と同じように、石をロープで括って転がしながら運んだのではないかと……。

武内　宮地嶽古墳と同じような巨石遺構、ドルメンは、海外でもヨーロッパやハワイなど各地にあって、日本でも五島列島や天草など各地にあります。

これらはすべて海岸地帯にあって、相島の積石塚群を見てもわかりますが、もともとは海上神殿だったんですね。

このような巨石遺跡をつくった海洋民族は、およそ１万年から７０００年前のラピュタの時代から海岸で祭祀をし、山の民であるアラハバキと同化しながら活動していた人たちです。

彼らがつくったのが石囲いの神殿、地中海ではヌラーギ（ヌラーゲ）と言いますが、それは海上神殿のことです。５０００年前のヨーロッパでは石囲いが2層3層になっていますが、それがやがて宗像大社の高御座《たかみくら》（高宮祭場）のように、平たい神殿になっていきます。

サルデーニャ島のヌラーゲ・
ローザ（左）

右は宗像大社の高御座
（高宮祭場）

オランダのヌラーギ

宮地嶽ドルメンの内部で
シュメールの「ド神」「奉る」という線刻を発見！

――武内先生は、宮地嶽古墳の巨石やペトログリフの調査もされたのですね。

武内　はい、浄見宮司に許可をいただいて1年ほど前に特別に調査をさせてもらったんですが、宮地嶽のドルメンは真西に開口していることからも、まさにラピュタの存在が見て取れます。

海洋民族ラピュタは、１万年から５０００年前頃まで日本を中心に活動をしていて、縄文時代に川を遡ってその源流の山に磐座を祀り、宇宙の神々に祈りを捧げていた人たちです。

そのラピュタの海人たちが黒潮に乗ってこの地域にやって来て、神奈備型の宮地山を見つけてドルメンを築きあげ、彼らの主神であるオリオン三ツ星を遥拝するために山頂に高御座を設けた。そして、彼岸の陽が真西に沈む時に祭りを始め、東から昇るオリオン三ツ星を迎え入れたのでしょう。

また、不動明王は、巨石文化研究者の中ではケルトの石工の神や兵主神《ひょうすのかみ》とされ、ヤマトの民族とは違う鉄器を持った土着のアラハバキ、もしくはシュメール系海洋民族の石工で、先ほど述べた穴師の集団だと思います。

神奈備山を見定めることのできるのが海洋民族の特性ですから、頂上に遥拝所を持つ宮地嶽神社は、まさに海洋民族たちの三ツ星神が鎮座するにふさわしい聖地だったわけです。神功皇后がここでご神託を願ったのもこのドルメンがあったからで、そのことからも神功皇后はフェニキア一族の末裔だったことがわかります。

私が宮地嶽ドルメンを調査したところ、玄室正面の右手北側にある石面に地中海文字のルーン文字を見つけることができました。「キ」という音の古拙文字で「奉る」とあり、これは天草の五和町にある鬼の基盤石の上に刻まれたルーン文字と同じ文字です。

さらに、その奥には△のシュメール系の古拙文字の「ド神」がありました。

この△ド神は、宇土市網津になる馬門石採石遺跡の入り口にあったド神のペトログリフと同型で、「キ」（＝奉る）は鋭い鉄器の跡、△ド神は鉄器ではないかもしれませんが、鋭い刃先のノミ跡でした。

△ド神とはシュメール初源の神で宇宙神とされます。

それは、３つの点を結ぶ三角形で表され、一点は一次元であって無きもの、二点目はそれを結ぶ線、三点目で初めて３次元の立体となり物体が現

天草の鬼の碁盤石上のルーン系文字

不動神社石室の祈りのキ

石室の巨石に刻まれたペトログリフ　△ド神

明日香大王の石棺の宇土馬門石採石遺跡のド神

れるという宇宙の原理を表すといわれます。それは後にギリシャに入って三位一体の思想となります。

それでシュメールの壁画などに三角を2つ重ねて、ダビデの星の二、平等、平行の標《しるし》と考えたのです。それと同円内に正五角形を書くことを宇宙の黄金分割比の渦でペンタズムといい宇宙のパワーと考え、その2つを合わせることによって宇宙すべての豊穣とシュメール人は考えていました。

こうしたことからも、宮地嶽ドルメンは、海洋民族の星神オリオン信仰と4000年前頃に渡来したラピュタ石工集団の手によるもので、彼らのルーツは安曇族よりも古く、ラピュタの時代まで遡ると考えられます。

宮司　そうおっしゃられても、私にはわかりませんが……（笑）。

でも、もしかしたら先生の説が正しいかもしれないですよね。

武内　少なくとも、形態的にはヨーロッパのドルメンと同じです。巨大な一枚岩を天井にしてそれを複数の板石で支え、横穴式の遺跡になっているのも同じです。しかも、シュメール系の民族に広く信仰されている△印のド神の線刻もありますから。

宮司　確かに、遺跡の形は似通ったデザインですよね。

武内　こうしたドルメンはみんな神殿で、彼ら海洋民族たちは大地の神様に対して自分たちの全財産を投入して、祭祀のための巨大なドルメンをつくりあげた。

そこには、優れた航海術や石工たちの高度な技術があって、海洋民族の統率力を結集してつくりあげたわけです。

私が天草をくまなく調査してわかったのは、シュメール系海洋民族が天草に到達したのは4200年ほど前で、それから約1000年経ってソロモン王に結託したフェニキア人の鉱山師一団が天草に入って来ています。

天草にある十五社宮は女神イシュタル＝イナンナを祀るイシュタル神殿だった⁉

武内　なぜ天草だったのかと言うと、天草はフェニキア人が最も好んだ地中海のポエニの風景に似ていて、鉄器製造に長けた彼らの主要な資源だった鉱物、特に金・銀・銅・タタラ（鉄）が豊富にあったからです。

そこで、彼らは天草を拠点として、有明海・八代海から筑後川、矢部川、菊池川、緑川、球磨川へと鉱物資源を求めて九州の内陸に向かって入植して行ったと思われます。

その証拠に、天草には海人族が信仰した十五社宮が44社もあります。フェニキアで15という数詞は女神イシュタルのことで、シュメールでは金星の女神イナンナのことです。

愛・戦争・豊穣を司る古代メソポタミアの女神イシュタル＝イナンナを祀るイシュタル神殿は、地中海の人たちにとって憧れの神殿でした。

その頃は風葬か鳥葬だったので、王の遺骨を水できれいに洗骨をしてから赤色の顔料を塗ったり金箔を貼るなどしてドルメン神殿の中で祭壇として祀っていた。それは当時の人たちが王の蘇生を願ったからです。

中には盗掘にあって遺骨や遺品が盗まれてしまうこともあったでしょうが、死と再生の祭祀場だったドルメンは、磐座信仰や朱色の染料を用いる

天草本渡市茂木根横穴の線刻
風神の娘イナンナ姫を奉る

日本古来の祭祀などと繋がっていて、だから天草にはイシュタル神を祀る十五社が44ヵ所もつくられた。そんな蘇生を願う古くからの祭祀を行ってきたのが物部氏です。

宮司　ということは、例えば吉野《よしの》ケ里《がり》遺跡などでたくさん甕棺《かめかん》が出ていますが、あのようなものとは違うということですか？

武内　違うと思います。甕棺墓は、それまでとは違う異質な葬送儀礼を持つ文化がもたらされたものだと思います。

——聖徳太子の時代に飛鳥にペルシャ系の仏教が入ってきたという説も

ありますよね？

武内　ペルシャ仏教が入ってきたのは6、7世紀頃の話です。斉明《さいめい》天皇の頃に拝《はい》火教《かきょう》（ゾロアスター教）を入れたので。でもその前にインドの仏教が直接入ってきていますから。

――巨石文化に関しては、ケルトにも昔からあったのでしょうか？

武内　そもそも、ヨーロッパの巨石文明は、海洋民族と共に東洋から押し寄せていったフンネルビーカーカルチャーが基になっています。フンネルビーカーというのは、漏斗状の形をした土器のことで、熊本県宇土市の曽《そ》畑《ばた》貝塚から出土した縄文土器（曽畑式土器）などと同じ形状をしているんですね。

ヨーロッパのフンネルビーカーカルチャーは、紀元前4000年頃から、農業を営む人たちによってデンマーク、ドイツ、オランダ、スウェーデン、ポーランドなどに広まったんですが、デンマークやドイツの文化庁では、「このような文化を持った民族が東洋から押し寄せてきて、巨石文化と土器を伝えた」とはっきり言っているんです。

これはまさに、縄文土器をつくっていた海洋民族たちがヨーロッパ人に伝えたということです。何しろ、向こうの国の文化庁がそう言っているわけですから。

ベルリン歴史博物館所蔵の土器

曽畑式土器

チェコのラピュタ土器

４２００年前シュメールとクメール系海洋民族が同化してアズミになった⁉

――そんな重要なことが日本でまったく知られていないのはおかしな話ですね。以前考古学の先生から、日本の歴史の教科書から縄文時代の記述が削除されそうになって抗議をしたという話を聞きましたが、何か縄文の価値をなきものにしようという意図を感じますね。

宮司　どういうわけかわかりませんが、記紀や『万葉集』ができた奈良時代よりも前の時代の書物も、全て消されたみたいですしね。

武内　『ウエツフミ』や『ホツマツタヱ』に書かれていることも実際にあったかもしれないのに偽書とされているし……。でも、私から見たら、神代文字の阿比留《あびる》文字は最初の日本の文字ですよ。

阿比留というのはエジプトから来たヘブライ人アビルのことで、彼らが使っていた文字だからそのような名がつけられ使われていた。だから、漢字渡来以前に文字がなかったなんてことはまったくないんです。

――その古代ヘブライ人が日本に来て祭祀や神道文化に影響を与えたという日ユ同祖論が再びブームになっていますが、それについて宮司さんはどのようにお考えですか？

宮司　それはＵＦＯがあるかどうかという話と同じですが（笑）……私はすべての可能性はあると思っています。

ですから、「万世一系」という言い方がありますが、２６００年以降であればそうかもしれませんが、それ以前となるとわからない、誰もはっきりしたことは言えないですから。

最近、某テレビ局が、ＤＮＡの解析から日本人はどこから来たのかというテーマを取り上げていましたが、縄文人の遺伝子は中国や朝鮮など他の東アジアの人たちとはまったく異なる独特の特徴を持っているそうですね。

ということは、これまで日本人の祖先は大陸から来た人たちで言語や文化も向こうで先に発祥したというように言われてきましたが、実は逆だったのかもしれない、ということですよね。

武内　まさにそうで、日本の阿比留文字が韓国のハングル文字になっている。見れば一目瞭然です。元を辿れば、神代文字はすべてシュメールからきています。

でも、私の中では日ユ同祖論ではありません。そのユダヤは日本にはまだ来ていません。南朝ユダヤ王朝はスサの王に養護されながら渡来しました。

それは、バビロニア第2次幽閉からスサのキュロス王によって解放された後ですから、2500年前以降になります。ヘブライ人の最初の渡来はモーゼによる出エジプトの時です。ローマによって作り上げられたユダヤ人は日本には来ていません。

阿比留文字

シュメールのギルガメッシュを頂点とする天神一族が、4200年前にアッカドに追われて渡来するのです。日本に最初に渡来したシュメールにはヘブライ人はまだいません。天神アンを信奉するアッシムを唱える一族です。

なので、アッサム、アジム、アズミとなる王族なのです。楔形《くさびがた》文字を持つアッカドに追われたシュメールには楔形文字はありません。あくまで古拙文字があるだけで、やはり口伝《くでん》の一族だったのです。

シュメールにいたヘブライ人が、アジア系騎馬民族であるヒクソスと共にエジプトに移り住み、そのあとヒクソスが撃退されてエジプト新王国に圧政を敷かれたのですが、その時に奴隷となったのがアビルというヘブライ人です。

そして、そのエジプトの圧政から逃れるためにモーセに率いられて脱出したのが出エジプトですが、その時にヘブライの王族を30年間もシナイ半島を放浪させるわけにはいかないので船に乗せて東の地へ向かわせた、それで辿り着いたのが日本だったわけですね。

――その時に辿り着いたのは、ヘブライの王族だった。

武内　そうです。でもその前にシュメールの王家が日本に来ていて、最初はアッカドに追われたウル・キシュ人たちです。それが4200年前、彼らがクメール系海洋民族と同化してアズミ（安曇）になっていったんだと思います。

シュメールの王家が日本に渡来した時、シュメール人と共に渡来したのが鉄器族のケルト、ヒッタイト、ヒクソスたちで、彼らが山のアラハバキと同化していったわけです。

第2波は、モーセが助けだしたアビル一族。第3波がソロモン王がエルサレムに神殿を建てた時で、旧約聖書にも出てくるフェニキアのヒラム王が日本に来て3000年前頃から出雲王朝が始まった。フェニキア族はヒラム王の命を受け、ソロモン王に献上するための金銀財宝を世界中に求めてきて、中でも最も期待を持ってやって来たのが日本だったのです。

そして第４波は２７００年前、ヘブライの北朝10支族が渡来して、神武が九州のウガヤフキアエズに推されて東征し長髄彦《ながすねひこ》らと大和を築き始める。最後に第５波として、古代ペルシャのスサの王によってバビロニアから救出されたユダヤ王朝（南朝）２支族が２５００年前にやって来た、その頃から出雲の国譲りと新ヤマトの国づくりが始まります。

新ヤマト王権の時代に入ると、王族が石工集団に発注して古墳をつくらせた、これが後のヨーロッパの秘密結社フリーメーソンに繋がっていくわけです。

マルタ島のフリーメーソンの神殿、ドルメンには無数の盃状穴が見られる

第3章

王族たちが日本にやって来た理由

シュメールの王族たちは太陽が昇る「東海の蓬萊山」を目指した

――ということは、シュメールやヘブライの王族たちが日本にやって来たということですか？

武内　そうです。王族しか日本に来られない、それが日本なんです。だから、古代から続いて来た祭祀がとても大事なんですね。

宮司　だとすると、武内先生としては、2600年前に神武という方（神倭伊波礼《かむやまといわれ》比古命《びこのみこと》）がヤマトの橿原宮で践祚《せんそ》して天皇の位についた。つまり天皇家という王族が新たな国としてヤマト王朝を興した。それが日本という国の始まりである、というお考えでよろしいんですね。

武内　はい、そうですね。そしてその時に神武を支えたのが、物部氏の祖神ニギハヤヒです。

「ニギ」はシュメール語でたくさんの神々、「ハヤ」は薩摩の隼人《はやと》、「ヒ」は緋色で磐座を祀る人を意味します。つまり、渡来したシュメール人たちは南九州の隼人と共に鉄器文化を持ったクメール族、つまり熊襲となって、神武を担ぎ上げたわけです。

――そもそも、シュメールの王族たちはなぜ日本にやって来たんですか？

武内　それは『ギルガメッシュ叙事詩』にちゃんと書かれています。

ギルガメッシュ叙事詩では、ギルガメッシュ王の犯した罪の罰として、親友・エンキドゥが女神イシュタルに殺されてしまい、ギルガメッシュは嘆き悲しんで神に不死の方法を尋ねます。

神は、その薬が「ディルムン」と呼ばれる島にあると答え、その行き方をギルガメッシュに教えるのですが、そこで「ディルムンの島は、太陽の出る国を目指して、太陽の道に沿ってひたすら進みなさい。その東の果てまで行けば、海の向こうに清らかな水と仙人が住む国にたどり着く」などと書かれているんです。

仙人というのは『旧約聖書』にも出てくる洪水伝説の主人公ウトナピシュティムで、この話がノアの箱舟の原型ですが、彼はアヌンナキから永遠の命をもらって東海の蓬莱《ほうらい》山の河口に住んでいました。

これが、ギルガメッシュ王が不老不死を求めて東の国に向かった理由、つまりシュメールやヘブライの王族たちが日本を目指してやって来た理由です。

ディルムンの島・東海の蓬莱山は、日本のどの辺りかと言うと……。まずシュメール人は、首都ウルクがある北緯32度の地点から見えていた北極星を天神アンと同一視して祈りを捧げる信仰を持っていました。

北緯32度線上を東へ行くと中国大陸の上海辺りですが、さらにその先には九州があり、ちょうど熊本県がウルクと同じ北緯32度に位置します。

もしディルムン島が熊本だとすると、蓬莱山は明らかに世界最大級のカルデラに取り囲まれた阿蘇山でしょう。そうすると、海洋民族ディルムンは九州の中央部を拠点に活動していたことになり、だから、ラピュタ人の痕跡であるペトログリフやドルメンなどの巨石遺跡が九州各地にたくさん遺っている、私はそう見ています。

シュメールのハル神を祭る信仰が今も日本で続いている

――「徐福《じょふく》が不老不死の妙薬を求めて日本にやって来た」という話がありますが、その前にシュメールの王たちが聖なる水を求めて太陽の昇る国・日本にやって来たということですか？

武内　そうです、それが日本だった。

『ギルガメッシュ叙事詩』にそう書いてあります。

シュメール人は多神教でしたが太陽信仰でもあり、その太陽信仰が日本の春日《かすが》、つまり「ハル」の日が春日になったんですね。

なぜハルかと言うと、元々シュメールでは太陽が沈んだ後、最初に天空に現れたのが牡牛座だったので、牡牛神「ハル」として祀っていたからです。

だから、シュメールでは大歳《おおとし》の大祭で天神アンとアンツの二神を祀り、日没から真東に現れる牡牛座を天空の盟主と認めたのです。そのハル神がバアル神となったのです。春日大社で毎年大歳神の祭り（若宮祭）が行われているということは、ギルガメッシュ叙事詩の時代、5000年前から始まったハル神を祭る信仰が今も続いているということです。

宮司　春日も物部氏ですものね。

武内　はい、物部氏です。

宮司　春日大社の神様は、鹿島・鹿取の神様と同じで、武甕槌命《たけみかづちのみこと》、経津主命《ふつぬしのみこと》、天児屋根命《あめのこやねのみこと》ですよね。

武内　はい、経津主も天児屋根も物部系です。

宮司　春日大社は、藤原不比等《ふひと》が藤原一族の繁栄を願ってつくった神社ですが、藤原（中臣）氏は物部系ですからね。

武内　藤原になる前は藤井氏でしたが、蘇我馬子と聖徳太子によって物部守屋が滅ぼされて物部を名乗ってはいけないことになったので、中臣鎌足が天智天皇から藤原氏の名を賜ったわけです。

――物部氏はヘブライ＝ユダヤ系だとも言われていますよね。


武内　はい、ニギハヤヒの一族ですからね。

神武東征に先立ってニギハヤヒが天磐船《あまのいわふね》に乗って降臨したとあるのは、海の向こう側からやって来た海洋民族だったということです。

しかし、ユダヤ系という言い方は私はしません。純粋なシュメール人ですから。それを、ヤマト王権としては海から来たとはしたくなかったので、天、空から降りてきたことにしたわけです。あるいは、龍宮から来たなどとわけがわからないようにして、真実を隠してしまった……。

でも、私は知ってますよ！　彼らがシュメールから来たことは!!（笑）。

ニギハヤヒの一族が景行《けいこう》天皇を支えて畿内でヤマト王権を設立させたわけですが、その時に「出雲の国譲り」が行われたとされているのは、実は出雲国ではなくて、神武が興した出雲と合体していく長髄彦たちがつくったヤマトのことです。

そのもともとあったヤマトを新しいヤマト王権に譲る、それが国譲りだったわけです。そして、そこでそれまでのウガヤフキアエズ王朝も歴史から消されてしまった……。

熊本の木原不動尊の火渡りはケルトの祭祀と同じものだった

武内　先ほどの神功皇后の話に戻ると、大分県中津市の雲八《くも》幡宮には神功皇后が朝鮮出兵の帰りに腰かけたと言われている岩がありますが、その岩はヨーロッパのドルメンと同じような石のテーブルです。

ヨーロッパの三つ足ドルメンは、地下水脈のある場所にあるんですが、神功皇后の腰かけ石も、写真撮影後に地元の方が草を取り掃除をしたら、こんこんと水が湧き出ました。また鉄器一族のことを窺わせる河童伝説も残っています。

また、ケルトの三つ足を組んだ大釜の儀式では、豊穣と再生を司るダグダ（ダグザ）の神にちなんだ火渡りの祭祀が行われますが、熊本の木原不動尊などでも、春季大祭で同じような形の火渡りが行われています。

煮えたぎる釜の中に笹を敷いてその中に座り込んだり、笹を振って釜の中の熱湯を浴びたり、修験者のあとで参拝者も火の上を歩く、そうすると1年を無病息災で過ごせるというわけです。

神功皇后の腰かけ石

アイルランドの「石のテーブル」
（バレン国立公園）

（上・左下）木原不動尊の火渡り

中津市雲八幡社

宮司　この木原不動尊の火渡りは今でもやられているんですか？

武内　はい、今でもやっています。三本柱の上に鉄釜を置いてその下で修験者が火渡りをする、これはまさにケルトのダグザの大釜で行われる火渡りと同じです。

――日本の巨石文化や祭祀と共通するものがヨーロッパにもあるわけですね。今のお話は宮司さんはどのように思われますか。

宮司　私どもはこれまで教えられてきた文化の中で、日々ご奉仕をさせていただいているわけですが、いろんな方々が古墳に関していろんなことをおっしゃってこられます。

いずれにしても、埋蔵された文化であれば同じ地域の文化財が出てきていいはずなのに、宮地獄古墳の場合はそうではない。

現に、「金銅製頭椎太刀《かぶつちのたち》柄頭《つかがしら》」をはじめ20点もの品が国宝に指定されました。あるものはペルシャ、あるものはメソポタミア、またあるものは古代中国製の品であり、しかもどれもが第一級の価値があってそれぞれの国や地域の文化を象っている、だから20点もの品々が国宝に指定されたわけです。

宮地獄の遺跡は
現世と来世を繋ぐ空間だったのではないか

——だから「地下の正倉院」と呼ばれているんですね。

武内　ちゃんと意味があるということですね。

宮司　はい、そうなんですが、でも実際にはすべて地下の同じ場所から出たというわけではないんですね。

先々代によると、一度盗掘にあったもののそれがあまりにも立派な品々だったので〝バチが当たる〟と言って返したんじゃないだろうかということでした。

昭和30年代に不動神社（古墳）の社務所が建立されたのですが、その時土を掘り返したところ、あっちこっちから色んな品々が出土したと聞いています。

ここからは私の想像ですが、何故古墳の中ではなかったのかと言うと、古墳の主にお供えした品々ではないかと思われるからです。

この古墳の中には石棺がありません。火葬された骨壷が出土しています。

だから、考古学者は仏教思想が反映された遺跡だから石棺がないのだと言われます。

同質の装飾品が近在の古墳から発掘されていますが、その古墳には石棺があり、石棺内からの装飾品出土です。

このように、明らかに古墳に対する装飾方法が異なっていることは大きな疑問です。なので、どなたかの古墳と言うより、その時代の現生と来生を繋ぐ空間だったのではないかと思うのです。

武内　僕は、盗掘にあって周りが残っただけで、中にあったものは抜かれたんではないかと思いますね。

宮司　とにかく、あの場所からは３００点もの至宝が出ていて、そのうちの20点が国宝に指定されているのはここだけですからね。

しかも、一見すると何もないような場所から、260年以上も前に突然出てきたわけですが、これは何か歴史的に大きな出来事があったことのシンボルである、ということは間違いないと思います。

武内　僕から見たら、死者の再生を願うヨーロッパのドルメンと同じで、宮地嶽ドルメンも黄泉《よみ》の国に続くトンネルだと思いますね。

――もし死と再生の循環を示すものであれば、縄文とも繋がりますね。

武内　まさにケルトの渦巻紋様《うずまきもんよう》がそれを示しています。

水に対する信仰もそうで、海に流れた水が蒸発して雨となって森に蓄えられ、それがまた川となって海に流れていく、そういう自然の循環がくり返される。ケルトは日本と同じように火と共に水の文化でもあって、だか

ケルトの渦巻紋様（ニューグレンジ遺跡のトリスケル）

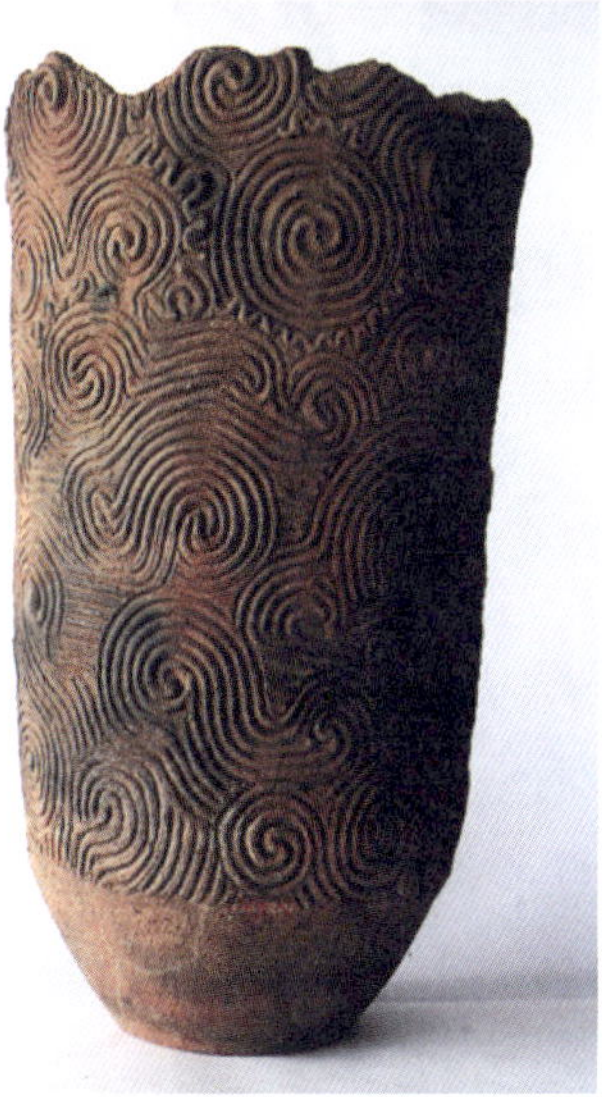

（写真上・下共に）縄文土器（縄文中期の渦巻文土器）

ら、水の女神を祀ってきたわけです。

ウガリットと呼ばれたフェニキア人が石棺文化を興した

宮司　例えば、小さい子供がよく両親や亡くなった親族と同じような仕草をしたりしますよね。するとそれを見た人が「あぁ、この子は亡くなった誰々さんの生まれ変わりだね」などと言うように、人々の気持ちというか、民間信仰のようなものはどこも同じで、おそらく人類発祥のときからずっとあるんでしょうね。

人は死んだらもう生き返らないとはわかっている。だけれども魂は蘇ってほしい。どうか蘇ってくださいねと、人類は永い間そういう信仰を持っ

ていたんだろうと思います。

そうすると、死者に対する弔いの仕方とか、骨をきれいに洗って大事に保管するとかということも、古くからの自然信仰や民間信仰の中で生まれてきたんでしょうね。

同時代の古墳は、石棺のサイズがせいぜい奥行きが2、3メートル、高さも1メートル弱です。その石棺を治めた石室は、奥行きが5メートル程、高さも1・5メートル程です。

そのような古墳は周囲にはたくさんあるんですが、宮地嶽には石棺がない。でもこれだけ巨大な遺跡はここだけなので、とても不思議です。もしかしたら、誰かが石棺を運び出したのかもしれませんが……。

武内　最初に地中海で石棺文化を興したのは、レバノンにいたウガリットと呼ばれたフェニキア人たちです。

今から3300年前に彼らがつくったのが「アヒラム王の石棺」で、それから同じ頃にエジプトのツタンカーメン王の石棺がつくられて、そこから石棺文化が世界に広がっていったんですね。

フェニキア人は小アジアの鉄器集団であるヒッタイト人と仲が良く、シュメールとケルトと同じような関係だったので、常に一緒に動いていた。つまり、石棺文化が広がったのは、シュメール王について、石器一族のフェニキア＝キシュと鉄器一族のヒッタイト（ヒクソス）が行動を共にしていたからです。石棺文化というのは僕の造語ですが……（笑）。

シュメール人は祭祀を行う王族なので戦うことが苦手で、そこでキシュ民がシュメールのウルの王族を守り、傍で支えたわけです。

（上・下共に）アヒラム王の石棺（紀元前1000年頃）

――ヘブライ人はどのように日本に来たんでしょう。

武内　初めに来たのはモーゼの出エジプトのアビルの一族ですが、次に来たのがアッシリアに追われた北朝（北イスラエル王国）10氏族です。彼らはソロモン王を崇拝しながらも日本の八百万の神々も認めていました。

しかし、そのあとで新バビロニアに追われて日本にやって来て、一神教じゃないとダメだと言ったのが南朝（ユダ王国）2支族です。アッシリアもバビロニアも楔形文字を使っていましたが、ヘブライ人は口伝の民です。文字は使用しませんでした。

しかし、交流を得意とするフェニキア・エビス族は貿易などの約束ごとに必要な文字を使い始めました。3500年前のことです。アモル人が使っていた地中海文字をフェニキア文字としていきます。

当然、行動を共にしてきたヘブライ人も文字を覚えていきます。それがヘブライ文字で、アビル文字というものです。なので阿比留文字は日本で発生したわけではありません。３３００年前、モーゼの出エジプトから到達したヘブライ人・アビル人によって持ち込まれていたのです。

それが先ほどの話に出たように、朝鮮半島に上陸すれば、後のハングル文字になるわけでしょう。朝鮮の三姓、金・朴・責は済州島《さいしゅうとう》の火山から生まれたという故事がありますね。

春日大社の湯立神楽《ゆたてかぐら》とケルトのダグダの祭りの共通点

――日本の神楽のルーツもヘブライ系の文化と言われていますね。

武内　神楽と言えば、今度五島列島に行くんですが、富江町（現五島市の一部）の丸子集落には古くからの地元の神楽が残っていて、その隣町の玉之浦湾に面した海岸沿いにある白鳥神社でも、宮司や巫女による玉之浦神楽が行われています。

白鳥神社の御祭神は日本武尊《やまとたけるのみこと》ですから、当然、天岩戸開き神話を表すヤマトの神楽です。

片や、富江町の神社で行われている富江神楽は、海から神輿を担ぎながら保食神《うけもちのかみ》を迎えるんですが、宮司さんはいなくて、村の長と氏子たちが神楽を奉納します。

その地域の人たちから言わせると、「自分たちの神楽は、白鳥神社でやられている日本書記に出てくる岩戸開きの神楽とは違う」と言うんです。ようするに、神楽と言ってもヤマト以前にあった地方の古い神楽とヤマト以降の神楽があるわけです。

宮司　私どもでも神楽を奉奏させていただいていますが、さすがにそこまで言い切ることはできません（笑）。

でも、先ほどの木原不動尊の火渡りでお湯をまくということでしたが、あれは湯立神楽と同じですね。湯立神楽は、神前に据えた釜で沸かした湯を振りかけることで人々や場を清める神楽ですが、今でも湯立神楽を続けている神社があります。

春日さんでも、若宮おん祭の無事を祈る御湯立《みゆたて》の神事があって、代々巫女として御湯立の儀式を受け継いでいる年配の女性たちが直径１メートルほどの大釜の湯に酒や米を入れて神々を呼び寄せ、クマザサの葉を湯にひたして「サヨーサ、サヨーサ」と唱えながら円を描くように両手でその湯を振りかけてお祓いをします。

そのように、湯立神楽のような古来から続いている祭祀や信仰は今でも残っています。

武内　まさにそれがケルトのダグダの祭りです。兵士が亡くなったあと巨人で力持ちの最高神ダグダが死者を蘇らせます。そして火渡りは浄化です。ダグダが手に持っているのは、死と再生をもたらす土でできた棍棒ですから。

そうすると、日本のタケミカヅチ、タケハヅチ、イカヅチなどのツチのつく神名は、ケルトの流れを引き継いでいる人たちだということです。

宮司　私どもで奉奏させていただいている舞は、宮司舞《ぐうじまい》という独特の言い方をしているんですが、そのように呼ばれている理由は、ここの神社の長《おさ》が舞伝えていかないといけないことになっているからです。

どんな舞かと言えば、天の神に感謝し、地の神に感謝し、風の神に感謝するという舞ですが、歴史を辿れば、安曇族の祖である安曇磯良《あずみのいそら》が筑紫地方に伝えた舞であったことからツクシ舞とも呼ばれています。

この海人族に伝わる舞が、やがて全国的に五穀豊穣を願う田楽舞や八百万の神々に奉納する神楽舞などに変わっていき、さらに時代が下ると、出雲のヤマタノオロチ神話を象った御頭神事の七起こしの舞などにも繋がっていくのだろうと思われます。

もちろん、日本にもいろんなところからいろんな舞が入ってきたでしょうし、タイの伝統舞踊などとも通じるところがあると思いますが、元々舞のルーツは自然界の神々や精霊に対する畏怖の念や感謝を捧げる自然信仰から発生したものでしょう。

第4章

海洋民族が伝えてきた高度な技術と文化

石の加工や航海術に長けた一族こそ日本古来の海洋民族だった

――ところで、宮地嶽神社は古墳以外に注連縄も日本一だそうですね。

宮司 とは言っても、それがつくられた経緯もよくわからなくて、たぶん徐々に大きくなっていたんじゃないかと思いますね。

武内 僕は、やはり物部がつくったと思いますがね。

宮司　先生はそうおっしゃいますが、この辺りの地域の人々の中にとにかく大きいものが好きな人たちがいて（笑）、遺跡の技術も含めてそうしたことを示したかったんじゃないかと思います。

武内　でも、大きな岩を切り出す磐座信仰や注連縄の元と見られる蛇信仰など古代祭祀をしていたのは物部ですからね。

――高知県の物部《ものべ》村（現在の香美市物部町）にイザナギ流という民間信仰があって、祭祀を行う太夫さんの話によると、昔は特殊な方法で巨石を自由自在に動かしていたそうです。

宮地嶽神社の注連縄

武内　石を自由に操れたのは物部氏。だから、物部は武器製造にも長けていて、祭祀を司るとともに軍事氏族でもあったわけですね。

宮司　宮地嶽古墳の岩もそうですが、3メートル四方に削ってある巨大な岩を13個ほど使っているわけです。そうすると、どこかで岩を切り出して運んで来たんでしょうが、あれだけ大きなものをいったいどうやって運んで来たのか、本当に不思議ですよね。

でも、何らかの方法で動かして持って来たんでしょうから、あれだけの巨石を動かせる人たちがいたのは確かでしょうね。

武内　しかも、対岸の相島から海を渡って持って来たんですからね。真鶴《まなづる》半島にも、昔から石を切り出す石切場があって、切り出した石材は船で運ばれていました。真鶴の貴船神社の近くにも石切り場跡が残っていますが、その近くには石工の先祖碑も建っていてそこには石材海運組合と書かれていました。

それと、熊本の宇土でもピンク色をした馬門石が採掘されていて、このピンク石は柔らかく加工もしやすいので有力者の古墳の石棺に使われていて、熊本の海から中国地方や畿内にどんどん運ばれていたんです。

そういう石の加工や航海術に長けた一族が、日本の海人族だった。でも、日本民族は海洋民族と言ってほしくない人たちがいるわけですね。高度な

物部氏が祭祀を行った磐船神社（交野市）

物部氏が奉斎する石上神宮
の神剣（国宝・七支刀）

物部神社の剣を抱いた龍の彫刻

植山古墳（推古天皇陵墓）の馬門石の石棺

五島野崎島の王位石ドルメン

技術や文化は全て大陸から模倣したものだということにされて、もともと日本の海人族が持っていた技術も封じられてしまっています……。

阿蘇の大規模な古墳群をつくったのはヤマトに加勢した熊襲の石工集団だった

武内　先ほどヤマトに加勢した熊襲の話をしましたが、彼らはその後どうなったかと言うと、孫の代まで仕事を与えてあげようとヤマト王権から古墳づくりを任されました。

それがこの阿蘇の中通《なかどおり》古墳群（P128参照）です。これは水田に分散してつくられた12基の古墳群で、県内でも最大級の大きさです。この中に古墳をつくった石工の墓があるはずだと思って探したところ、30基ほど見つけたんですが、それはまさにケルトの墓と同じでした。
　墓石の名前を見たら「山部」と「山下」と書いてあり、部と付くのは官職です。つまり、山部が上でその配下だから山下、彼ら石工集団が一般庶民にとってはほとんど意味のないこの巨大な古墳群をつくったわけですが、でもそのおかげで彼らは子や孫の代まで豊かな生活ができたわけです。

宮司　その古墳群はいつの時代のものですか？

武内　5世紀から6世紀頃と見られています。

宮司　その頃に、そのような信仰や技術を持った人たちがいたということですね。

中通古墳群

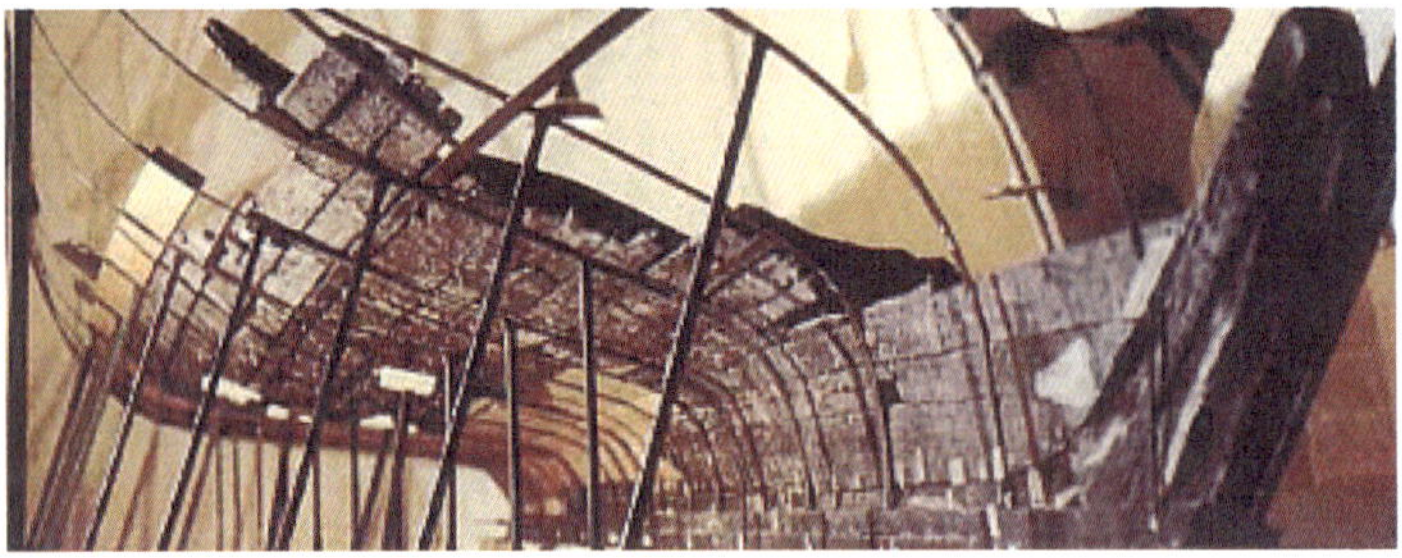

3500年前のフェニキアのタルシシ船・エビス人はこんな船の船団で動いた

五十鈴川にかかる宇治橋

宇佐神宮西の呉橋は船型

武内　おそらく、神功皇后が兵を集めたのが2世紀か3世紀でしょう。そして、その次の時代になってから、三韓征伐の功労者である熊襲の石工集団に対して神社の名前に冠を与えたり、古墳づくりを命じたということでしょう。

物部一族は、磐座などの古代祭祀だけでなく、造船技術にも長けていました。彼らは船大工としての匠の技を持っており、ニギハヤヒが天磐船に乗って来たというのは、物部が造船技術に長けた一族だったからです。

ですから、船の底を裏返しにしたような神社の船底天井を見てもわかるように、宮大工の元は船大工だったわけです。

ところが、新ヤマト王権になってから、レバノン杉を使った物部の造船技術は封じられ、遣唐使の時代になるとまるで唐船がヤマトの船であったかのように思わされてしまって、工匠としての物部の技術も消されてしまった。

宮司　そう言えば、伊勢神宮の五十鈴川にかかる宇治橋は、今おっしゃった、船大工のすりあわせという造船技術でつくられるそうですね。だから、20年毎に行われる式年遷宮の年には宇治橋も一緒に新しくつくり変えられる。

武内　唐船が日本の船だと思わされているけれど、そんなはずはない。日本の海人族たちはすごい技術を持っていたし、6000年前のラピュタまで遡ると、日本を中心に北海を越えバルト海、ブリテン島まで航行していた。だから北欧では、東洋から巨石文化と土器を伝えたフンネルビーカーピープル（F・B・P）と言われていたわけです。

――縄文時代の航海は丸木舟だったんでしょうか？

武内　縄文時代の丸木舟は、モミの木でつくられていたことが発掘調査でわかっています。諏訪大社の御柱祭で使われるのもモミの木ですが、古代の人たちは巨大なモミの木を乾かして丸木舟をつくっていた。諏訪はアラハバキ─物部系ですから、やはり海洋民族の技術や文化が入っています。

3000年前にソロモン、フェニキアの鉱山師たちがタルシシ船で渡来している国が日本ですよ。そんなにチャチなクリ舟ばかりではない。公園のボートで航海しますか？　日本にはエビス族の立派な構造船があったのです。では、なぜ今ないか。中華ヤマトにその技術を封印されたと思う。でも、物部の知恵は残ったのです。神社を建造し造船技術を陰に伝える。宇佐の呉橋を見るとよくわかる。

エビス一族には「恵」「良」「平」のつく名前が多い

――ということは、自然信仰を持ち、海を自由に移動できた海洋民族だからこそ、いろんな地域の技術や文化を柔軟に取り入れながらそれを発展させてきたということでしょうか。

武内　そう、まさにそれがラピュタです。

新しい技術や文化を各地に伝えたし、最も大事なのは食料となる植物のタネ（種）を運べたことですね。その頃の縄文人は、豊かな自然と水に恵まれていたので、１日４時間も働けば充分楽しく暮らせたわけです（笑）。

でも、そんな環境の中にずっとい続けたら血が濃くなるので、遠くから訪れる優秀な海洋民族を心待ちしていた。そして、その海から上がってくるマレビトが自分たちの中に新しい血を入れていったわけです。それが日本のおもてなし文化を生んだと思います。
シュメールの洪水伝説でも、洪水のあと、神はまず生き残った者と混血せよと言い、そのあとで木を植えよ、つまり植林をしなさいと言っているんです。

――スサノオと息子のイソタケル（五十猛）の話とも繋がりますね。

武内　おそらく、大洪水でレバノン杉がほとんどなくなってしまったんでしょうね。だからレバノン杉を植えさせた。

宮司　昔は日本も固有のアカマツがほとんどで、生活の中でいろんな用途に利用されていたのが、里山の手入れをしなくなったり外来種が入って来たりして、今は日本の山もずいぶんマツクイムシにやられてしまっていますよね。

武内　実は、レバノン杉はスギ科ではなくマツ科なんです。フェニキアがエジプトやヨーロッパとの交易によって繁栄したのは、鉄器をつくる時の原材料であるマツ科のレバノン杉が豊富だったからです。

なぜマツ（松）かと言うと、鉄を製造するのには砂鉄を１５００度の高温で熱する必要があって、それには燃焼性の高い松の炭でないと熱することができない。松炭と火力を強めるための鞴《ふいご》を使えば１５００度に達して鉄器がつくれる、これがタタラ製鉄です。

宮司　松は、松ぼっくりの中のタネがあれば増えていきますよね。だから、きっと松のタネをこっちに持って来たんでしょうね。

武内　昔から製鉄が盛んな福岡の朝倉市には比良松《ひらまつ》という地域がありますが、地名の由来はまさにたくさん松樹があったからで、そこの恵蘇《えそ》八幡宮では祝い松として松を植林しています。しかも隣が多々連《タタラ》です。

松は、昔からエビス（恵比須）一族の重要な資源だったんです。エビスというのは、エルサレム地方に住んでいた先住民のカナン人のことですが、これをヘブライ人やフェニキア人たちが同じアモル人同士として「エブス」と称していて、聖書にもソロモン王がエブス族の文化や技術を受け入れた様子が書かれています。

そのエブス族が日本でエビスとなり、エビス信仰に繋がっていくわけですが、エビス一族には「恵」「良」「平」のつく名前が多いのが特徴です。

宮司　我々が古事記などで知るところのエビスというのは、イザナギとイザナミの間に障がいをもって生まれたヒルコ（蛭子）が一旦海に流されて、そして海の向こうから辿り着いたのがエビス（恵比寿・戎）神となったという話ですが、そこにはきっと深い意味があるんでしょうね。

武内　もちろん、そうですね。先ほど言ったように、初めにシュメールの王族についてやって来たケルト系海洋民族とあとから彼らと同化したフェニキアやヘブライ系の海洋民族たちが日本に帰化した、それが海人族、エビスさんです。

エブスは「コトを行う」と言われていて、コトというのはヘブライ語で神事《かみごと》です。そして、コトバのバというのは晴れ晴れしい、つまり、コトバ（言葉）とは神が晴れ晴れしく示すという意味で、まさにこれがモーゼの十戒です。

古代メソポタミアの「聖数7」「太陰暦」「週7日制」「六十進法」が世界に広がった

――エビスさまと言えば、こちらの奥之宮の一番社で七福神を祀られていますよね。

宮司　おそらく、人々の無意識の中で、神々をお祀りする際に縁起の良いとされる7とか8の数字に則ってお祀りする、そういう信仰から来ているんじゃないかと思いますが……。

武内　7という数字が縁起が良いとされているのも、古代メソポタミアのシュメールから来ています。

シュメールにはたくさんの神々がいたんですが、特に重要なのは、アン、エンリル、エンキ、ナンナル、ウトゥ、イナンナ、ニンフルサグの7大神で、これが七福神の元になっている。

だから、シュメール人にとって7は聖なる数字で、彼らは天体観測にも長けていたので、太陰暦や週7日制、六十進法などもシュメール人によって編み出されたんです。

――そのシュメールの文化がユダヤ・キリスト教圏にも引き継がれたと。

武内　はい、『ギルガメッシュ叙事詩』をはじめ、シュメールの文化を引き継いだのがヘブライ人です。ただし、僕は、ソロモン王の時代までは多神教だったと思います。

宮地嶽神社の七福神社・七福神

そのソロモン王の死後、ヘブライ人は南北に分裂するわけですが、北（イスラエル王国）の十支族はソロモン王の多神教を踏襲したのに対して、南のユダ王国は一神教を貫いた、それがいわゆるユダヤ王朝です。

――日本は多神教と言われますが、アメノミナカヌシのような一神教的な創造神を含んだ多神教だという説もありますが、その点についてはいかがですか？

武内　僕は、アメノミナカヌシは「造化三神」というくらいで明らかに創造の神だと思うし、チラッと高天原から来たとも言っていて、それはまさにアブラハムの故郷である西アジアのタガーマ州のハランのことです。つまり、海からやって来た海神。

でも、記紀を編纂した人たちからすると、自分たちの祖先が海から来たとは言いたくないので、天から降り立ったことにしているわけですね。海のアマを天に変えて……。

でも日本人のルーツは海洋民族、その証拠に、神武が東征のために船出をした日向の美々津《みみつ》の港は古来から造船や海洋技術の先端地だし、日本海軍発祥の地として碑も立っています。

縄文人が1万年以上戦わず平和だったのは「おもてなしの文化」だったから

――　多神教と一神教の接点を見出すとすればなんでしょう？

武内　シュメールは天神アンという北極星を主神に置き、多くの星々の神や空気、水、森などの自然神を崇拝する八百万神を祀っていました。その中でもウトゥという日の出の太陽神がいましたが、太陽神ウトゥが出ると星々の神が死んでしまうとして神々の会議には入れなかったと言われています。

そこに、北極星が消えていくという天体異変が起きてしまいます。

すると、周囲の太陽を崇拝する一族が、お前らの主神はもういない、われらが変わって世界を治めるというような動きが起きます。

そして、アッシリアのハンムラビ王が太陽の法を作り、砂漠の世界を統治しはじめました。それ以来、太陽神シャマシュを祀る一族と夜の星を祀る一族の対立が起きてきたのです。

でも、たとえ宗教が違っていても、お互いに仲良くすることはできるはずです。

仮に、彼岸の日に日本の仏教徒が阿蘇辺りから西方《さいほう》浄土《じょうど》の西に向かって夕陽を拝むとすると、同じ北緯32度線上の西にエルサレムがあるのです。日本との時差は約6時間なので、阿蘇からの入日は向こうではちょうどお昼です。その時間帯にエルサレムではイスラム教徒が東の方角に向かって午餐《ごさん》の礼拝をしている。ということは、同じ太陽の下で東と西で一つになれている。それを考えたら戦争なんてできないはずですよね。

宮司　確かにそうですね。宗教者であれば、その宗教を通して平和を築いていく、それは当たり前のことですよね。

武内　縄文人は1万年以上も戦いをしなかった。私から見たら、それはおもてなしの文化だったからです。

例えば、沖に船団が見えたとします。それを見た縄文人は「彼らは3日で着くだろう」と察しておもてなしの準備を始めます。

山で獲物をしとめたり、山菜を捕ったり、燻製までつくって準備をし、海の向こうからはるばるやって来た客人に御馳走をふるまっておもてなしをする、そういう文化を持っているのが日本人なんです。

今の若い世代を見ても、逆にそういう人たちが増えているように思いますね。僕が頼まれて講演をする時なんか、会場には二十歳代の若者が半分以上もいて、すごく熱心に話を聞いてくれていますから。

ご先祖さまから笑われないような心の機微を持つこと

——それなのに、高学歴の人ほど優秀であるかのように思わされて、役に立たない知識ばかり学校で暗記させられてきたわけですね。

宮司　神道では中今《なかいま》という教えがあって、それは何かというと「今、与えられているものを大切にせよ」ということです。

我々は祖先からさまざまなものを与えられてきて、それを子孫にも伝えていかなくてはいけない、だから、自分だけではなく、周りの人と共に生きていかなくてはいけない。

ようするに、ご先祖さまから笑われないような心の機微を持ちなさい、ということですが、これが神道の中今の教えなんですね。

今先生がおっしゃった、孫がおじいちゃんやおばちゃんから教わったこと、それを次の世代にもちゃんと伝えていかないといけないし、それができていれば争い事なんて起きるはずはないですよね。

今の時代は、あれやこれやといろんなことを教えられているわけですが、我々が最も後世に残していかなくちゃいけないのは、争わないことであり、祖先から受け継いだ今を大事にして、そのことを子や孫にも伝えていくことなんじゃないかなと思いますね。

かつてたたえられてきた女性神は利用されてしまった

――神功皇后の話もそうですが、これまで巫女的な女性たちの働き、言わば女神たちの歴史も封印されてきたのではないでしょうか。

武内　シュメールでは、父なる天神アンと妻の女神アンツ、キとも言いますが、この父母の二神様に対して祈りを捧げるんですが、それがイランでは父方の神アンを祈り、イラクでは母方の神キに対して祈るようになります。

このイランの父方の神に対する信仰が父性原理を生み、それがやがて中国の儒教となって日本に入ってきた。片や、母性の神はイラクのバスラの港からイシュタル信仰として日本に入って来て、それが卑弥呼や神功皇后にも繋がるわけですね。

前に話したように、イシュタルはシュメール神話ではイナンナに当たり、愛や豊穣を司り、金星や月の女神でもあります。

――そうすると、日本のアマテラスの場合は、時の為政者によって政治利用されたとも言えるわけですか？

武内　はい、そう思いますね。でなければ、本来なら母なる女神を祖先に持つはずのヤマトが、九州まで遠征して来て地元のヒメたちを殺したりすることはあり得ないはずです。

北九州には土蜘蛛の長の田油津媛《たぶらつひめ》、長崎には浮穴沫媛《うきあなわひめ》という女王たちがいたのが、ヤマトに従わなかったので殺されてしまったわけですから。

他にも、九州には八女津媛《やめつひめ》や比佐津媛《ひさつひめ》などたくさん姫がいたんです。

ヤマトはそんな地方の姫たちを敵視し、支配しようとした。

それはペルシャから来たスサノオと一緒になった一神教のユダの発想ですよね。

その男性原理の豪族たちが、もともとあったニギハヤヒ─ナガスネヒコたちのヤマトを「俺たちに譲れ」と迫った、それが新ヤマト（ヤマト王権）です。

第5章

古代世界と先人たちの祈りに思いを馳せる

日本人はあるがままの自然にそったシンプルな教えを受け継いできた

――宮司さんとしては、日本の女神信仰をどのように捉えられていますか？

宮司　今でも日本の多くの人が妻のことを奥さんと言い、その奥さんが財布を握っている（笑）。そのほうが家庭がうまくいくからでしょう。

このことが、日本を物語る基本形態ではないかと思いますね。そういう母性の国を後から来た人たちが力ずくで治めようとした、そういう人たちが女性蔑視に走ったんじゃないですか。

例えば、女性の血は死に繋がる不浄なものだからと言って女人禁制にし、相撲の土俵にも女性を上がらせないとか、女性に対していろんな制限、制約をかけてきた。

では、男性たちはいったいどこから生まれて来たのか？（笑）。男も女もみんなお母さんのお腹から生まれてきたはずなのに、汚いもののように扱うこと自体、おかしな話だと思いますね。

頭だけの考えにとらわれてしまうと間違っていく……。ですから、我々が頭の中だけで考えさせられていることとは別に、ものごとをありのまま、自然に捉えていくことがとても大事で、そこが八百万的な神道の大切なところであり、寛容さなんじゃないかと思いますね。

――観念的な縛りがない、自然に沿ったシンプルなものが日本の神道。

宮司　とてもシンプルな考え方ですね。武内先生がおっしゃるように、もしかするとメソポタミアで生まれたものかもしれませんが、人々が仲良く寄りそって生きていく、人々が人々のために生きていくというシンプルな教えを日本では神道という形で今でも受け継いでいるのかもしれません。

——今、体験型のインバウンドの人たちが増えているのも、シンプルなものを求めているからかもしれないですね。

武内　だから、日本人が彼らにそれを教えてあげればいいんですよ。

宮司　令和6年1月1日にも能登で大きな地震がありましたが、すぐにボランティアにかけつけようとした人たちも多かったですよね。しかも、まだ被災地がボランティアを募集する前から。

それは、被災地に行って、ただただお手伝いをしたいという気持ちですよね。さっき先生がおっしゃった日本的なおもてなしであり、思いやりだと思います。

本来ならば、そのようなすばらしい文化を教えるために歴史がある。なのにそれを消してしまっては、何も伝えるものがなくなってしまうのでとても残念だなという気がします。

武内　海外で震災が起きた時でも、日本から復興支援にかけつけると現地の人たちから感謝の声がたくさん寄せられますよね。ただし、中国だけは例外で、そこには古くからの中華思想がある。

――特に、これまでの日本の歴史教科書は、中国中心史観のようなものに影響されて、その弊害も大きいという声もありますが。

武内　そうです。だって、日本は５０００年前の縄文の頃から鉄器の国だったわけですから。弥生時代になって、徐福が中国（秦）から日本へ来た時、彼らはまだ青銅器でした。

だから、徐福は驚いて、日本各地を巡って日本に帰化して子孫を残したんでしょう。

でも、漢民族は、自分たちが負けたとは絶対に言わない（笑）。だから、徐福も一旦国に帰ってから、今度は絹を着て、養蚕と機織りの技術を持参して日本に出直して来たわけです。

今の歴史は縄文時代から前提が間違っている！

――先ほど、武内先生から元のヤマトに国譲りをさせたのが新ヤマトだという話がありましたが、その背後には九州の海人族たちの働きがあったわけですよね。

武内　畿内のヤマト王権ができる前に、九州の1000年の歴史があるわけです。

ようするに、それまでは九州の海人族たちが畿内とやりとりをしながら徐々に熟成させていき、それが落ち着いてできあがったのが新ヤマトです。その新ヤマトの勢力をさらに広げていったのがヤマトタケルです。

――そうなると、卑弥呼の邪馬台国は九州になるんでしょうか？

武内　邪馬台国に関しては、2万もの学説があるので、はっきりしたことは言えないですね。

――でも、卑弥呼的な女性シャーマン、女性首長は九州にもたくさんいた。だから、縄文の女神文化がずっと残っていたのは確かですよね。

武内　『魏志倭人伝』に「東南大海の中にあり、山島に依りて国邑をなす。旧百余国」とありますが、あれは、海と山に囲まれた縄文の国々のことで、海人族ですよね。

今、私がそんなラピュタの話をすると、若い人たちがとても熱心に聞いてくれるのは、自分たちが習ってきた歴史の話よりももっと本当のことを知りたいからだと思います。

そもそも、縄文時代からして、今の歴史の前提が間違っているわけですから……。

――そこには「昔の日本は遅れていた」という考え方がある。

宮司　私が今思うのは、どうも今の社会は本来日本人が大切にしてきた社会とは違っているんじゃないかということです。

先ほど言ったように、おじいちゃん、おばちゃんに笑われない、ご先祖様に笑われないように、そして「お天道様はいつも見ているよ」と言って自分の心に正直に今を大切に生きてきたのが昔からの日本人。

それなのに、今では小学生の子供をつかまえて「今からちゃんと将来のことを考えろ」なんてことを言う……。でも、そんなことじゃないはずでしょう。もっと大人たちが大らかに、ゆったりと構えて子供たちと向き合ってほしいなと思うし、そこがとても残念なところですよね。

――縄文人は入れ墨をしていたようですが、入れ墨文化もラピュタが伝えたものですか？

武内 はい。先住民族の入れ墨、タトゥーは、ラピュタであるマオリ族が伝えています。ヨーロッパのルーマニアなどでも「これはマオリから習った」とはっきり言っていますから。

入れ墨は海洋民族の共通した文化で、魔除けや呪術的な意味と部族間の結束を固くするための古代のアートだった。それはイギリスでもケルトでも同じです。

東洋の海洋民族がヨーロッパにフンネルビーカー文化を伝えたという伝承が残っているのと同じですね。熊本と同じ曽畑式土器はチェコなどでも流行していて、ラピュタ土器と呼ばれています。

8000年前の南九州の縄文人は高い技術を持ち、とても豊かな生活をしていた

武内　これは、シュメール研究家の岩田明さんがつくったシュメール船です（P163写真参照）。

岩田さんたちのクルーは、このキエンギ号という古代の木製帆船を復元して、インドから沖縄に向けて4032海里を25日間かけて命がけで航海されたんですが、キエンギというのは「葦の地の主」という意味です。

シュメール人は、自分たちのことを「キエンギ（葦の主の地）のクル（国）」と呼んでいた、それが「豊葦原の瑞穂国」になったわけですね。

岩田さんは日本人のルーツを研究され、ご著書の中で、シュメール＝ス

メル族のミコト、スメラミコトが日本の天皇になったと述べて、話題になりました。

――シュメールや古代ペルシャの王家でも、天皇家と同じ十六弁菊花紋が使われていたそうですね。ところで、九州の縄文文化についてはあまり知られていませんが、どんな感じだったんでしょうか。

武内　南九州では、縄文時代の早期から非常に成熟した縄文文化があったことがわかっています。本州ではまだ先の尖った尖底《せんてい》土器を使っていた頃、南九州ではすでに平底型の土器が使われていて、その土器を使って家の中で調理したり、貯蔵にも使っていたようです。

今から7300年前に鬼界カルデラが大噴火して、大量の火山灰が降って南九州全土が壊滅的なダメージを受けたんですが、鹿児島の上野原遺跡

キエンギ号

古ペルシャの首都スサにあるダリウスの神殿玉座の柱の上の十六花弁と牛頭神

鯛の茸添え、どんぐりクッキー、急須のお酒

どんぐり団子にポークシチュー、猪の燻製

糸魚川の翡翠の石笛やシベリアの黒曜石がすでに海洋民族によって届けられていた

遺跡から出土した多種多様な遺物

用途に応じたさまざまな石器

耳飾りや土偶、棒状土製品は祭祀用と思われる

上野原遺跡（上野原縄文の森）

通詞島の古代製塩。6000年前

から9500年前の縄文時代のムラの跡や貝殻文の土器、土製の耳飾など遺物がたくさん発見されたんですね。

その遺跡の調査で、本州のものより進んでいたことがわかっています。動物の狩場も多く、食べ物も豊富でした。

絵皿を使って食事をし、そこには燻製やドングリのクッキーがあり、シメジやハーブ、お酒もあった。しかも、同じドングリの実でも団子とクッキーではつくり方が全然違うので、たぶん縄文時代から料理教室があったんでしょう（笑）。

当時の人は顔に化粧をして、衣服も麻布を着ていたようですが、これらの遺物はカルデラ噴火が起きる前のものなので、8000年前の縄文人はこれだけの技術や文化を持っていて、とても豊かな生活をしていたわけです。

鬼界カルデラの噴火後、ラピュタは北海やバルト海を越えて新天地へ向かった

武内　それと、天草の通詞島《つうじしま》は、塩文化発祥の地とも言われ、古墳時代の製塩土器が発掘されているんですが、この土器を使って海水を煮詰めて塩をつくる技術もラピュタの文化だと思われます。

ラピュタは、鬼界カルデラが爆発した後、その後何十年間もの間、西日本には人が住めなくなったために、この製塩技術を使って海水から塩を得ながら、黒潮に乗って拠点を北東へと移していった。

そしてその頃、温暖化が最盛期を迎えていたので、北海に氷がないことを知り、水の豊かな日本を中心としながらも、北海を越えようとさらなる

新天地に向けて船団を走らせた。
当時は北海を越えるとバルト海は海峡になっていたため、そこを越えてブリテン島まで航行。そんな彼らの勇敢かつ本能的な行動が各地に巨石文化や土器製法などのラピュタ文化として伝わった、それがフンネルビーカーピープルと呼ばれる所以です。
土器文化が発達したのは、製塩と同時に水の確保のためで、ラピュタが遠洋航海をする時に重要なのが飲み水の確保だからです。
当時、船上で飲み水を手に入れる方法としては、雨水を溜めるくらいしかなかった。そこで、長期間水が腐らないように入れておく器が必要で、それがラピュタ土器だったわけです。

――ラピュタたちは、カルデラが大噴火する直前に外洋に出ていったということでしょうか？

武内　そうですね。鬼界カルデラはそれまでにも何度も噴火しているんですが、7300年前の大規模噴火は過去1万年の内でも世界最大規模だったために、火砕流が九州南部にも到達して、縄文文化を壊滅させるほどでした。

でも、熊本をはじめ九州南部にラピュタがつくったドルメンやストーンサークルがたくさん残っていて、船石の一部が噴火の影響で欠けていることからも、ラピュタは何とかしてその噴火を鎮めたかったんじゃないかと思いますね。

何しろ、巨石文化を興したラピュタは、3万年もの間、夏至の太陽をず

上はフィンランド、下は日本の阿蘇の妙見水源にある盃状穴

っと観察してきたわけですから。それをさらに遡るとムーに繋がりますが……。

――やっぱり、ムー！　今で言うスンダランドですね。それと、ラピュタの文化の一つに盃状穴があったことを発見されたのも武内先生ですよね。

武内　盃状穴は、石に盃状の穴を開ける古代の風習で、世界各地の遺跡や日本の神社や水源などで見られる世界最古の遺物です。

「常世国」はフェニキアの国レバノンなど地中海の国々だった!!

武内　盃状穴については僕の著書で紹介してありますが、この盃状穴を調べているうちに、タチバナ（橘）という植物が地中海から日本に入ってきていたということもわかりました。

記紀によると、垂仁天皇が田道間守《たじまもり》に、常世国《とこよのくに》に一年中とても良い匂いを放つ「非時香菓《ときじくかくのこのみ》」があるのでぜひ持ち帰るように伝えたという記述があって、その時、田道間守は常世国を探し求めて8年かがりで旅に出たんですね。

それで、非時香菓を調べたら「時を選ばず（非に香る果実）」とは橘の実のことだとわかったんですが、世界の植生分布によると、それは当時地中海のスペインとレバノンにしかなくて、橘の実が日本に入って来たのはその田道間守が持ち帰った時です。

ということは、レバノン杉やハーブにも精通していたフェニキア人は日本に来ているので、海の彼方にある常世国とはまさにレバノンを指している。

武内氏の著書

となると、おそらくハーブのタネを携えてやって来たラピュタの末裔であるフェニキア人こそがクニトコタチ（国常立）であり、その海のフェニキア人が山のオオヤマズミと出会って仲良く行動を共にしていた。これは盃状穴を調べていくうちにわかったことです。

僕は最初に盃状穴を見た時、これこそ巨石文化の決め手になると直感し、それ以来海洋民族の祭祀のツールとして30年間盃状穴を追究してきたんですが、阿蘇や天草を中心にいろんなところを調査してきた結果、古代海洋民族ラピュタと山の縄文人が聖なる水を介して交流してきた跡をはっきりと確認できました。

シュメールの太陽神、シャマッシュの像にも足で踏みつけられている盃状穴があり、それは熊本の各地で見られる猿田彦大神に踏みつけられている盃状穴岩によく似ていて、石工や鉄器族たちがつくった盃状穴が、日本に運ばれて来たことを示しています。

盃状穴は、1万2000年間、踏まれても踏まれても変わらず残り続けてきた先住民たちの祈りの結晶です。その盃状穴が、世界各地の祈りの場に残っているということは、かつて古代世界は一つだったという証です。

盃状穴を知ることで、ぜひそのことに思いを馳せていただければと思います。

宮地嶽に眠る安曇族、先人たちの思いをしっかりと受け継いでゆきたい

――では、最後に宮司さんからも一言お願い致します。


宮司　ここの神奈備山は、今は宮地嶽と言っていますが、以前は漢国嶽《からくにだけ》とも呼ばれていて、韓国のムーダン（巫堂）の場でもありました。

それは、韓国の人たちがこの山のムーダン、つまり巫女から力をもらって母国に帰るという信仰ですね。

ということは、おそらく海人族の人たちの生活圏であった東シナ海一体で、そのようなシャーマニックな信仰が行われていたんじゃないかと思い

ます。
　少なくとも、宮地嶽周辺ではそのような古代の風習が昭和の時代までたくさん残っていました。そしてまた、古墳にしても他所とは違った古墳、遺跡が残っている。
　宗像大社さんの古墳とは違っていることからも、北部九州にはいろんな部族の海人族がいた。そんな中で、ここには宮地嶽を中心とする海人族がいたのは間違いないと思います。
　ここから海上を5海里程離れた所に沖ノ島があります。現在は宗像の沖ノ島として世界遺産に登録されていますが、とても重要な島で、宗像というより北部九州を生活圏とした海人族たちにとってとても大事な島だったと思います。

玄界灘に浮かぶ沖ノ島

10月１日のみあれ祭には100隻以上という船団がでて沖ノ島神を祀る
古代から海洋民族・安曇の祭礼である

沖ノ島の本殿・拝殿と祭祀が行われた岩陰遺跡

沖ノ島岩陰遺跡調査風景だがこの上部には岩上祭祀の跡があった

だから古代の磐座祭祀や岩下祭祀、そして社殿祭祀等が行われてきました。

武内　はるか昔の海人族は、兄弟のようにみんな仲良くやっていた。でも、記紀を読めばわかりますが、宗像地域は海上交通の要衝だったので『日本書紀』では海浜と記され、大陸との対外交流を進めるヤマトからは特に重要視された。

そのせいで、結果的に海人族の中で対立構造が生まれたわけですよね。

宮司　宮地嶽の遺跡は、お隣の古賀市の船原古墳から出土した品々によく似ているのは確かです。

船原古墳は、６世紀末から７世紀初頭につくられた前方後円墳ですが、古賀は「糟屋屯倉」があったところなので、宗像氏ではなく、当然、磐井氏です。

前にお話ししたように、磐井が中央政権に敗れてその子の葛子《くずこ》が屯倉を差し出したわけですが、糟屋の磐井の末裔が安曇ですから、宮地嶽の遺跡と古賀の船原古墳が類似しているのも当然と言えば当然でしょうね。

私どもが奉斎する神々は、まさにこの宮地嶽の地に眠られている磐井・安曇の一族であり、そんな古代の先人たちの思いを、しっかりと今に受け継いでいければと思っています。

あとがき

私の家は宮地嶽神社から北西に８００メートル離れます。

子供の頃自宅で、廃棄用の穴を掘らされていましたが、一メートルも掘ると、そこは白砂の層で貝殻も見られ、以前は海岸だったであろう事を知らされました。

今は雑木や竹林、植林檜の山々ですが、子供の頃の原風景は立派な松林でした。

宮司に成って初めて目の前で対峙した国宝馬具、その曲線の優雅さ。それら品々の上品な佇まい。

４００年も前に切り出されたらしい宮地嶽遺跡の巨石。その巨石にはシュメール古拙文字が刻み込まれているとか……。
なぜその時代の日本一の品々が宮地獄に納められたでしょう。
古人の息吹を感じずには居られません。
一つ一つの事象が繋がり、点となり、線となり、物語を教えてくれます。
いずれ宮地獄の大君はその姿を見せてくださることでしょう。

浄見　譲

去る2024年10月22日に開催された、宮地獄神社のツクシ舞を見てきました。
朝から線状降水帯があって大雨で、開催が危ぶまれていましたが、小降りとなり、神職の方が舞台の水拭きをされながらの開始でした。ツクシ舞五座の四座まで小雨でしたが、最後の宮司の舞に入ると、何と！　陽がさ

し始めたではないですか!! 驚きの神計らい!!

大地と天を結ぶという宮司の舞がまさにそこに結実していました。

後で、宮司とのお話でもそのことが話題でした。あのシチュエーションは何だったのだろうと……。それくらいインパクトがあったこの神計らいを、ぜひ読者の皆さんにもご報告してはという話になり、急遽ここに付記させていただきました。

武内一忠

武内一忠（たけうち　かずただ）

超古代巨石文化・ペトログリフ研究家。1947年3月17日生まれ。大分県日田市出身、熊本市在住。JMCL日本巨石文化研究所所長。千葉工業大学工業経営学科中退。熊本県立第二高等学校・一回生。元ARARAアメリカ岩石芸術学会会員。元日本文化デザイン会議客員講師。著書に『ペトログリフが明かす超古代文明の起源』『真実の歴史』『盃状穴探索ガイドブック』『真実の歴史　エピソード0　ラピュタ編』がある。

浄見　譲（きよみ　ゆずる）

宮地嶽神社宮司。國學院大學からNYコロンビア大学に進み、現地で東西文化比較学を修学。滞米生活後帰国、日本最古の芸能を有する春日大社で修行の後、宮地嶽神社へ帰任。
ツクシ舞習得後家元襲名。国内外の経験を活かし、伊勢神宮・遷宮記念事業・「国宝　大神社展」を東京国立博物館・九州国立博物館で開催。クリーブランド美術館で「神道展」を開催。国際交流・文化活動に従事。
宮地嶽神社公式HP
https://www.miyajidake.or.jp/

ペトログリフが明かす！
宮地嶽神社とラピュタの謎
「東の地」の海人族と世界交流

第一刷　２０２５年２月28日

著者　武内一忠
浄見　譲

発行人　石井健資
発行所　株式会社ヒカルランド
〒１６２-０８２１　東京都新宿区津久戸町３-11　ＴＨ１ビル６Ｆ
電話　０３-６２６５-０８５２　ファックス　０３-６２６５-０８５３
http://www.hikaruland.co.jp　info@hikaruland.co.jp
振替　００１８０-８-４９６５８７
本文・カバー・製本　中央精版印刷株式会社
ＤＴＰ　株式会社キャップス
編集担当　川窪彩乃

ISBN978-4-86742-468-1

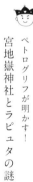

ヒカルランド　好評既刊!

地上の星☆ヒカルランド　銀河より届く愛と叡智の宅配便

もう隠せない
真実の歴史
世界史から消された謎の日本史
著者：武内一忠
四六ソフト　本体 2,500円+税

豊臣秀吉とそれを支えた戦国・異能者集団の謎
著者：月海黄樹
四六ソフト　本体 2,200円+税